温哥华

A Glance into Vancouver's
Multi-cultural Society

盛忠雄 著

多元文化一瞥

广西人民出版社

图书在版编目（CIP）数据

温哥华多元文化一瞥 / 盛忠雄著. —南宁：广西人民出
版社，2017.5
ISBN 978-7-219-10298-5

Ⅰ.①温…　Ⅱ.①盛…　Ⅲ.①多元文化—介绍—温哥
华　Ⅳ.① G171.1

中国版本图书馆 CIP 数据核字（2017）第 111028 号

责任编辑　李带舅
责任校对　黄丽莹
封面设计　陈晓蕾

WENGEHUA DUOYUAN WENHUA YIPIE

出版发行　广西人民出版社
社　　址　广西南宁市桂春路 6 号
邮　　编　530028
印　　刷　广西大华印刷有限公司
开　　本　787 mm×1092 mm　1/16
印　　张　11.25
字　　数　180 千字
版　　次　2017 年 5 月　第 1 版
印　　次　2017 年 5 月　第 1 次印刷

ISBN 978-7-219-10298-5
定　　价　60.00 元

作者简介

盛忠雄

祖籍江苏吴县，出生于上海。

主要著作

《我行我述》

《论文与研究报告选》

《行云流水》

《花开花落》

加拿大是北美一个移民国家，国土面积997.61万平方公里，居世界第二；人口3567.6万，由200多个民族组成。始自地理大发现时期，世界各国的移民跋山涉水千辛万苦来到这里寻梦，现今移民占加拿大总人口的95%，原住民只占5%。几个世纪的沧桑岁月中，不同族裔的文化在这里交融，服务于社会的发展，满足不同社会背景下不同的文化服务需求，形成璀璨夺目的多元文化。加拿大政府奉行多元文化政策，设立多元文化协商委员会，在国务秘书部设立多元文化专员，专司组织和协调多元文化事务。民族的包容性成为加拿大人生活的一大特点。多元文化政策带来的积极影响，提高了族裔成员的平等意识和自尊心，强化了他们对国家的认同感和在这一块土地上更好地生活的希望和信心。

温哥华是加拿大西部城市，是不列颠哥伦比亚省低陆平原地区的一个沿海城市，是北美太平洋沿岸的最大天然良港，有"太平洋门户"之称。温哥华面对乔治亚海峡，纬度较高，但因有暖流经过，冬暖夏凉。通常人们比较熟悉的温哥华是一个市，而整个温哥华地区（以下简称"大温"）共有21个市镇。这里的每一个城市都有自己的中心，市民生活和办事都可以在本市完成。市与市之间仅以道路分隔。大温其实是一个城市群，是加拿大第三大城市群。大温的人文景观也是加拿大多元文化典型的代表。居住于大温的230万人口中，有来自世界各地的各族裔移民，其中华裔近40万人。为了加强对多元文化的引导和管理，温哥华所在的卑诗省设立综合性文化管理部门就叫多元文化厅。多种族裔的移民基于一个共同的信念——平等且多元化的社会才能使国更强、民更富——成功建设温哥华，使温哥华成为不但是一个科技领先、产业发达、经济繁荣的现代城市，更是融合多元文化元素的魅力城市。

——温哥华是"万花筒"。在这里，大自然的美丽展示于蓝天、白云、雪山、碧海、繁花和绿树之中，将城市的清纯、和谐、活力和朝气发挥到极致。春季，樱花灿烂、云蒸霞蔚；夏季，凉风习习、花团锦簇；秋季，秋高气爽、红枫似火；冬季，雪山起伏，没有严寒。更有吸引力的是，在这里来自世界各族裔的多元文化荟萃：官方的双语教育（英语、法语），英裔的绅士风度，法裔的浪漫多情，中国的汉字招牌、汉字路标、舞龙舞狮、赛龙舟在这里共存，各族裔文化在这里交融的同时又都努力保留和发扬族裔文化的根和特色。在这里，英格兰的褶式短裙、巴西的桑巴、非洲的象皮鼓、苏格兰的风笛、印度妇女的纱丽、美国的好莱坞电影，都是亮丽的风景线。在这里，罗马天主教、基督教新教、基督教东正教、伊斯兰教和佛教各有自己的圣殿，各种不同信仰同样受到尊重。

——温哥华是"马赛克"。马赛克，是指用各种颜色的小块材料拼集成各种图案的装饰工艺品。"马赛克"凸显了大温版图上的多民族性。在不同历史时期加入到温哥华行列的各族裔以相对集中的形式分布到大温的一些主要地域。移民在适应温哥华生活的同时，又都努力保留着本民族的传统。在大温的不同地域，你常能看到不同的族裔传统。

——温哥华是"大拼盘"。它的人口并不是很多，但来自世界各地的美食却能使人充分体会到舌尖上的享受，被称之为"美食天堂"。吃喝虽是人的本能，但饮食习惯却是一种文化。大温有超过2000家各式各样的餐厅，迎合着不同口味，使民众在一座城市里就能品尝到来自世界各地的美食。

——温哥华是"色拉"。它让每一片水果和蔬菜都能看清，同时还保留其原汁原味。在几十种文化共存的大温，不论是科技馆、音乐厅、美术馆、电影院，还是商场、餐馆、时装店、大超市，无不反映着多元文化的特点。在温哥华艺术馆建筑的顶部有一个题为"四艘搁浅的船只"的杰作，它出自华裔艺术家林荫庭先生之手。东、南、西、北四个方向分别放置了红、黄、黑、白四艘造型各异的小船模型，虽造型简单然寓意深远，形象揭示这座移民城市多元文化的根。

本书名为"温哥华多元文化一瞥"，全书围绕多元文化价值观、族裔文化、城市文化、生活文化和旅游景观文化等方面展开，所述是作者自2008年以来四次温哥华之行观察所及与分析思考的结果，并参考了很多相关资料；所分享照片都是这些行程中所拍。既是"一瞥"，当然只是片断，然而，有道是"管中窥豹可见一斑"，作者希望读者能从本书感受到多元文化的正能量。多元文化是建设和谐社会的信念，也是加强对坚守主流价值文化自信的信念。

目　录

多元文化价值观
Multicultural Values

五星红旗和枫叶旗

　　温哥华风光旖旎，游人随手按下快门，都可能是一幅可圈可点的风景画。然而，初到温哥华给我现象最深的还是加拿大国旗——枫叶旗的旗海，大街小巷、机场、码头、车站、写字楼、住宅社区大大小风格各异的独立屋等，满眼枫叶旗。在大温，我经常徜徉在市镇的大街小巷，也时常行走在学校、农场、公园、广场，在枫叶旗的旗海中，我第一个感想是：中国和加拿大，社会制度不同，文化传统有别，但两国人民都热爱自己的祖国，这是心灵相通的；中加友好，世代传承。我来自广西壮族自治区首府南宁，这是一个绿色生态城市。我们的五星红旗鲜艳夺目的

五星红旗迎风飘扬

作者1990年在北京亚运村

景色和温哥华枫叶旗的旗海有异曲同工之美。南宁是中国—东盟博览会永久举办地，这不但是中国与东盟各国经济合作的盛宴，也是多元文化的盛会。我在这里工作和生活，感受多元文化，体验多元文化。看到五星红旗，我怦然心动，因为五星红旗代表中国的主权、光荣和梦想；看到枫叶旗，我特别欣赏，因为它代表加拿大国家的主权、广袤的国土和民族的象征，这是多元文化价值观的情怀。

五星红旗承载着中国人永远不能遗忘的记忆。新中国成立前无数仁人志士为了这一面红旗的诞生流血牺牲，等不到黎明；1949年10月1日，第一面五星红旗在天安门广场冉冉升起，宣告中国从此进入新时代。国家和平崛起年代，五星红旗承载着中国人圆梦的喜悦和激动，国家从积贫积弱发展为世界第二大经济体，成为负责任的大国，进入全面建设小康社会时期。现今，每天有成千上万人满怀豪情到天安门广场观看升旗仪式。

加拿大人对枫叶旗有炽热的美好感情，枫叶旗深深融入加拿大人的生活和工作中。我看到，在温哥华国际机场，枫叶旗一面面整齐排列，或插在精致的大玻璃瓶内，迎接世界各国客人，拥抱多元文化，气氛温馨、庄重、热烈。在温哥华高楼林立的大街上，枫叶旗一面接一面成排展示温哥华人阳光的赤子之心。在温哥华世博会广场，蓝天、白云、青松和枫叶旗交相辉映，美不胜收。温哥华开往各地游轮的桅杆上，枫叶旗迎风招展。加拿大—美国边境的和平门上，枫叶旗在蓝天白云中分外耀眼。在温哥华举行的加拿大国殇日纪念仪式上，空中飘扬的、市民手擎的都是枫叶旗。在加拿大国庆日的游行队伍中，车上飘的、市民手中拿的、观看游行的人们脸上贴的、行人肩上披的，都是枫叶旗。我还看到过，在一片诗情画意的草地上用红、白两种颜色植物镶嵌出的枫叶旗，公共场所墙上巨幅的枫叶旗，商场内货架上密密麻麻地插着的枫叶旗，住宅社区独立屋前美丽的枫叶旗，各种节庆嘉年华会上观众可以自由取用留作纪念的枫叶旗。乘车出游，车行路上，总会看到一面面高高飘扬的枫叶旗。

五星红旗和枫叶旗代表居住在太平洋两岸遥相致意的两个伟大国家。中加友好，源远流长。

早在一个多世纪前，几十万华工来到加拿大投身加拿大早期开发建设，历尽艰难险阻挥汗洒泪异国他乡。半个多世纪前，加拿大人白求恩大夫率领医疗队来到中国援华抗日，以身殉职，中国人民永远感谢他！多年来，不少中国的年轻人移民来到加拿大，他们有知识、有智慧，是加拿大经济社会发展的正能量。不少加拿大人来到中国，在商贸、科技、教育直至演艺领域打拼，在中国市场寻找通

南宁民族大道国庆即景

向成功的机会。相声演员大山是其中著名的一位，他不但受到中国观众喜爱，拥有众多粉丝，也由于对中加友好交流做出的杰出贡献而受到加拿大政府的嘉奖，授予他"加拿大勋章"。

1973年，时任加拿大总理皮埃尔·特鲁多访华，长子小特鲁多（12岁）随同来华。2016年8月30日至9月6日，小特鲁多作为总理访华，特地带来小女儿并在致辞中表示，当年他父亲教给他对中国保持友好、开放的态度，他希望继续传给他的孩子以及加拿大的下一代。2016年9月21日至24日，李克强总理访问加拿大。21日傍晚，李克强总理及其夫人应邀出席加拿大总理及其夫人举行的家宴，媒体报道小小特鲁多（8岁）表演后空翻的花絮。餐前，在景色如画的总理官邸门外湖边，在孩子们欢快玩耍陪伴的温情中，两国总理惬意交谈，小小特鲁多一时兴起，主动提出要给尊贵的中国客人表演后空翻。连续三次后空翻成功但落地都还不平稳，李克强总理开怀大笑，友善地拍着孩子的肩膀鼓励，抹去孩子小小的懊恼和羞涩。两国总理此次互访还有一个花絮，加拿大总理努

草地上镶嵌出的枫叶旗

大温素里多元文化节高悬的枫叶旗

力找到当年他父亲特别定制的古铜色白求恩纪念章，把一枚送给李克强总理，呼应中国人对老朋友的深深怀念，重温上一个世纪中加友好的记忆。播撒新世纪中加友好的种子，需要多元文化的浇灌。在求同存异、互学互鉴、包容并蓄的多元文化价值观背景下，中外交流不是零和游戏，而是合作共赢和平发展的理性和战略。李克强总理说得好——中加都倡导多元文化。

红枫的狂欢

7月1日是加拿大的国庆日，也称加拿大日。

2015年7月1日，加拿大迎来148岁生日，我有幸在那里观看了温哥华举办的第七届国庆游行活动。虽已时隔一年多，但仍历历在目。

温哥华的市中心国庆活动，是除首都渥太华以外最大的加拿大国庆活动。位于海滨心脏地带的加拿大广场变成红枫棋的狂欢集中地，也成了展示各族裔文化背景的窗口，到处是飘扬着的红枫旗，到处是喜笑颜开的人。人们手拿红白两色的枫叶旗，脸上画着枫叶的面部彩绘，胸前别着枫叶胸针，融入欢乐的人群中为加拿大庆生。

展　示

庆祝活动从上午10点开始。舞台上有音乐、舞蹈与马戏表演，街头有冰球、足球、跳绳比赛和轮椅篮球赛，小吃摊上有各种快餐食品和特色农产品供应，人们用自己喜爱的方式把快乐和热情、笑容和风姿融进欢乐的海洋。在人流如织的街上，有人手拿十多面红枫旗在指挥交通；在巨大的红枫旗下，青年男女身披枫叶旗三三两两地热情交谈；艳阳照耀下的五帆酒店枫叶旗招展，显得更加高雅；海鸥围绕着桅杆上的枫叶旗在低空欢快地盘旋。

游行开始以前，布拉德街的两侧早就里三层外五层地挤满了人；一些街道的高台和宾馆沿街的窗户旁也坐满了人；有的一家几口人都穿上红衣红裤；有的头戴枫叶帽、手执枫叶旗，秀出脸上手上的国旗涂鸦；也有的青年男女坐在稍高的宾馆台阶上玩自拍。身着逗人服装的小丑不时出入人群，为喜庆的人们派发圆珠笔、橄榄球和小食品。

游行队伍从乔治亚和博洛顿的街口出发，东行至布拉德街，然后再向北下行至片打西街，行程1.1公里。摄影记者纷纷上阵，拿着"大家伙"来记录精彩瞬间。

晚7点，游行开始了。先是警车开道，十几辆警用摩托车疾速飞驰在大街上，时而一字排开，时而又两两斜插交叉行驶，赢得一阵阵热烈的掌声。接着，68支

国庆游行

乐队行进

由社会团体、机构、政府部门和不同族裔组成的方队行进在大街上，边表演边行进，有时还停下和观众进行互动。身着白色服装的管乐团迈着整齐的步伐前来，他们吹奏长笛、小号、大号和双簧管，用音乐来创造激情和欢乐。童子军团头戴白帽、身着蓝衣黑裤前来。虽说他们年龄尚小，但对红枫的热情溢于言表。苏格兰风笛是观众喜爱的器乐。游行队伍中的男女都穿着格子裙，边行进边演奏。

几辆军车来了。车上的正面、背面和侧面都悬挂着大小不一的红枫旗，人民对加国的热爱部分源自对军队的热爱。

艺术院校的女生穿着红衣黑短裙，就像是一群欢乐的小鸟飞到人群中间。她们用青春来装扮夏日，用艺术之光来点燃激情。

3个选美小姐乘着敞篷车向人们挥手致意。其中的一位一袭大红长裙，在红枫旗的映衬下显得更加美艳俏丽。

一批日裔女子身着和服行进在队伍中间。有趣的是，一些金发碧眼的女子也身着和服居于其中。这说明，文化可以融合。

大温地区的百家华裔社团派出强大的阵容参加游行，这已是他们第四次参加国庆游行嘉年华的庆祝活动了，显示出在加拿大多元文化中的中华文化的魅力。

在"加拿大华人社团联席会"的牌匾后，有卑诗省议员李灿明、联邦多元文化部高级顾问梁英年、中国驻温哥华侨务领事郑轩、文化领事王强、华人社团联席会执行主席褚远征等人。他们T恤衫的前面印着"Happy Canada"（快乐加拿大)，后面则印有和谐、诚信、仁义、合作等中英文词语。这支由300多人组成的游行队伍分为八大方阵——前卫队、舞狮队、太极队、旗袍队、民族舞蹈队、彩车歌手队、彩旗队和腰鼓队，他们高举"四海同乐"的大旗，在大洋彼岸弘扬着中华文化。

龙腾

由青少年组成的舞狮队以威武的鼓点、灵活的身姿吸引了观众的眼球。他们随鼓点声时而抓耳挠腮，时而跳跃麒麟步，赢得众多观众的喝彩。紧随其后的老年太极队头戴贝雷帽、身着迷彩服装、束红腰带，以别具一格的姿态出现在队伍中间。旗袍队显然是最能体现斑斓多姿的中华文化的队伍之一，在女性婀娜多姿身段的演绎下，大红、天蓝、乳白、宝蓝、大花等各式旗袍尽显华贵优雅。民族舞蹈队的纤纤少女身穿民族

狮跃

韩国鼓乐

服饰，及地轻纱如水波荡漾，在悠扬的民歌声中翩翩起舞。在彩车上，四位歌手一会儿引吭高歌，一会儿摆动舞姿，不时与两旁的观众互动。腰鼓队队员们穿红着绿，用整齐的服装和密集的鼓点敲响几十万各族裔人民同欢共乐的节奏。

加拿大妇女儿童联合会派出100多人载歌载舞。他们舞动巨龙，表演武术，行进在后续的队伍里。两组青年男女轮流舞动巨龙，用中国元素的魅力来丰富加拿大文化，用中国龙来庆祝加国的生日。

韩国方阵来了。男士身穿长袖韩服击鼓，女士双手轻摇彩色折扇，展现了另一种东亚文化。

在"三点式"外身披白色轻纱的仕女们显然来自西方族裔，这从她们的一头漂亮金发可以看出。她们边走边舞，露出腰肢，显示了自己独特的美。

一支交谊舞队跳进了宽广的大舞台。他们灿烂地笑、尽情地跳、快乐地旋转、心花在怒放。

除此以外，乌克兰和秘鲁的服饰、苏格兰的舞蹈，也在各自的方阵中展示出多元文化的魅力。他们既展现了自己的文化，也表达出愿在多元文化的大家庭中共同建设加拿大的热情。

一个多小时的游行给人留下了深刻的印象。这时，我的耳边响起《噢！加拿大》的歌声。这是加拿大的国歌，由于历史的原因，它有法文版和英文版，翻译成中文分别为：

法文版

啊，加拿大！我们的父母邦，
光荣的花冠戴在你头上！
你的手中拿着宝剑，
还把十字架挂上！
你的历史是一部史诗，
无比地壮丽辉煌。
你的勇武沉浸于信仰，
英勇地捍卫权利保家乡；
英勇地捍卫权利保家乡。

英文版

啊，加拿大，吾家园吾故土！
爱国真心，统领您众女儿。
心怀赤诚，看您崛起，
真北之邦自由强壮！
无远弗届，啊，加拿大，
我们为您站着岗。
神佑我土，自由荣光！
啊，加拿大，我们为您站岗；
啊，加拿大，我们为您站岗。

大温人的多元文化价值观

文化价值观是指人们对生活的发现、认识和诠释，对美好人生的向往、憧憬和追求，对某种文化的判定，这是文化冰山中最有意义的部分。从狭义上讲，文化价值观是多数群体认为有益的、正确的或有价值的信条或特点。

加拿大是一个民主和充满活力的国家，也是一个承载多种族裔和多元文化特点的社会。大温人勤奋工作，积极地面对和享受生活，不断地为创造更美好的生活而努力。大温人的文化价值观与很多加拿大人一样，可以包括很多方面。

·独立自主与自立精神

个体主义是西方社会文化的核心。大温人的文化内涵是崇尚自己掌握命运，他们深信人生道路由自己做出选择生命才有意义。大温人崇尚独立自主和自立精神，有着"一切靠自己"的观念，这一精神体现在职业、婚姻、家庭、运动和爱好等诸多方面。他们称自己的社会为"自立社会"，倾向于自我选择、自我判断、自我决定和自我负责，相信每一个人都得为自己的成功和失败负责。他们注重独立、自主，视了解自己为最重要，视成功为个人的成就。他们相信，种瓜得瓜种豆得豆，有一分努力就会有一分回报。尽管社会和经济稳定，但贫穷和失业仍有可能发生在任何人身上。因而，每个人都要为工作而竞争，为成功而努力工作。

从孩提时代起，家长和幼教工作者就鼓励孩子自主、自力。

斯坦利公园的雕塑：
生命在于运动

在家庭琐事和小朋友互相之间的交往中，长辈总是循循善诱地启发和开导孩子，不把自己的意志强加于孩子。孩子们从小就开始学着自己判断、自己决定和自己负责，以便日后在社会中寻找到合适的位置。为了尽早培养孩子的独立生活能力，父母会主动给学龄前的儿童一定的零用钱。少儿送报已被默认为一种传统，家长认为，这样能使孩子从小接触社会，体会到金钱来自劳动，培养他们独立生活的能力。不少家长会有意识地培养孩子自己克服困难的能力。

子女年满18岁就享有法律规定的成人权利，这时，他们就开始"靠自己的双脚走路"，父母会放手让子女自己决定将来。

青少年是否具备独立生活能力，很大程度上表现在他们是否独立自主和有自立精神。不少学生在高中阶段就期待着自己能拥有汽车，这意味着自己已经长大成人，是自立的标志。他们会通过打工挣钱实现买汽车这"第一愿望"。在大学，即使家庭富裕的学生也会半工半读，上学期间几乎都有兼职，视其为一种自立的象征。学生向家长借钱交付学费，等毕业偿还的现象在这里屡见不鲜，这是由于青少年认同"靠父母为耻""自助为荣"的观念，他们以依靠个人努力取得的成就为荣耀，依靠父母的纨绔子弟、花花公子，为人们所不齿。

家庭是社会的细胞，也是教育的初始阶段，许多社会观念的形成和传承都从家庭开始。大温的孩子们在"一切靠自己"的观念下成长起来，父母对孩子采取大胆放手的教育方式。这种相对独立的关系起到了培养子女自立能力的作用，使他们在青少年时期就确立了必要的自尊心和责任感。在这里，家长对孩子的个人权利和意愿的尊重是从幼儿就开始的。孩子们的很多事情从小就可以由自己做主。当他们长到十四五岁时，基本像个"小大人"了，不少事情都由自己拿主意。

如果家长的有些想法和子女不同，也会与孩子细致沟通，只有在子女愿意接受执行时才让孩子自己去实施。

大温的父母意识到，在校外的环境中，孩子们会在与他人自然交往接触的过程中提高社交能力，更加接近"现实世界"所需要的能力。因而，他们积极支持孩子参与学校举办的诸如体育、音乐、郊游等课外活动，使他们积极地朝着自己的目标努力。

大温人的独立自主和自立精神由青少年一直延续到老年。这里的老年人不喜欢被别人说年事已高，处处表现出不服老，事事表现出能够自理，不需要别人帮助。他们一般不认老，为自己能独立、自食其力而感到骄傲。不少老年人不愿到子女家里去生活，而愿意住进公寓或老人院。他们认为，自己有能力独立支撑到生命的终点。

市民在公园骑行

·平等观念与自我表现

大温人认为每一个人都拥有获取生命、自由与幸福的平等权利，倡导每一个人都应该拥有平等权利，倡导每一个人都应该拥有平等的机会去获得成功。平等，作为一种追求与信仰，是每一个大温人所崇尚的，是不能被侵犯的。平等意识是社会保持安定和谐的基础元素。

法规、政策是"人人平等"的根本保障，法律奉行所有种族平等的政策。

1986年，加拿大议会通过《就业平等法》，它保证任何人都不因为能力以外的其他原因而被拒绝在工作岗位之外。该法案的目标是实现所有加拿大人都拥有平等的就业机会。大温人相信：每个人都有创造财富和获取财富、实现成功的权利。在择业方面，女性也可以进入绝大多数男性的工作领域。

加拿大政府曾经出台一个名为"容忍度为零"的政策。该政策规定，只要是家庭暴力，一经发现不分轻重必须立案。一旦丈夫对妻子有施以暴力的前科，那么在夫妻离婚时，用于家庭生活的房屋将全部归妻子所有。这个政策的出台给家庭平等观念以切实有力的保障。

在家庭关系中，大温已基本实现男女平等。越来越多的丈夫分担家务，自愿承担家务中艰巨的部分，例如修理汽车、做木工活、装修房屋、做家具、修理家用电器等，同时，他们也会拿出更多的时间来陪伴孩子。女性不再局限于母亲的角色，而是寻找机会在外工作；女性在工作、生活、财产和娱乐等方面受到越来越多的尊重。

大温人性格外向，善于宣传和推销自己，想尽办法为自己造势，只要有机会就尽力展示自己的才能。他们自信，不服输，不轻言放弃，直来直去，不会故作谦虚。因而，这里的主流文化是崇尚机会均等，给予人们平等机会，依靠自己的努力参与公平竞争。

·礼尚往来与人际关系

送礼是人们互相来往的习俗，然而，送什么样的礼物、什么场合送、如何送礼等都与该族裔的文化传统有着密切关系。大温人对送礼的观念与我们有很大不同，他们之间互相赠送礼物常常是为了联络感情，一个水杯、一个小钟表、一支圆珠笔、一根小蜡烛以及胸针、胸章、枫糖浆等都会被当作礼物转送，因为他们更看重的是送礼者的心意和情意，而不是礼物本身的价格。要是你被请去别人家做客吃饭，一般也不需带上贵重的礼品，只要带束花、一盒巧克力或一瓶酒即可。

大温人从事社交活动喜欢在尽可能不牵扯社会义务的条件下进行，他们不愿意因为接受了贵重物品而给自己找麻烦，更不愿意由此而承担什么义务。大温人崇尚包容与交融，讲规矩，按约定的秩序做事。

在交往的主动性方面，由于大温人具有独立自主、自我实现和自立更生的个体主义文化价值观的渊源，他们与其他西方国家一样，一般并不把亲属关系看得那么重，个人也不对亲属负有那么多直接的义务。在结交朋友方面，他们一般认为，朋友是两个人通过某种场合相识，只要谈话投机就是朋友。他们喜欢参加朋友之间的各种社交活动，但前提是这种聚会不牵扯责任和义务。

在交往的互益性方面，大温人以"君子之交淡如水"来相处。朋友一起到外面吃饭，大多实行"AA制"，他们不会觉得这样做会冒犯朋友。同大温人交朋友，不会使人感觉到"人走茶凉"的落寞，这很大程度上是由于大温人社交广，频繁接受新事物，不断结交新朋友，朋友交往机遇多的缘故。

在交往的条件性方面，大温人往往把自己分成不同的部分，与不同的朋友交流不同的内容。他们的思想比较开放，热情好客，不拘礼节，因而和他们结交朋友比较简单。他们用互相致谢和称赞来维护和促进各种人际关系，喜欢在比较轻松舒适、友好的心理空间结交朋友。他们的人际关系一般没有附加值，不需要通过权力、金钱或互相送礼来维系。

大温素里运动中心欢迎你

·崇尚友善与隐私文化

大温人崇尚友善，他们认为，热心助人是良好教养的表现，因而待人坦诚、自然、宽容，乐于结交新朋友，帮助陌生人。当你有困难的时候，他们会愿意帮助你。他们推崇谦让和宽容的价值观，大家能在一起愉快生活。

华裔老作家葛逸凡曾遇一事：十多年前，她在温哥华参加音乐会，散场时不慎摔倒，因脚部受伤而倒在过道上。此时马上有几个人向她伸出援手——有指挥观众绕开离场的，有迅速帮助剧场负责人处理的，有和她聊天帮助她保持清醒的。

在日常生活中，大温人经常表现得彬彬有礼，让人轻松愉快。碰到迎面开来的汽车时，双方会微笑示意驶过。汽车遇斑马线时，司机一定会礼让三分，微笑着让路人先过。在大街和社区里行走时，迎面而来的陌生人只要与你目光相遇，总会微笑着与你打招呼问好。在进出公共场所的大门时，他们会下意识地向后看，如发现后面有人，他们会细心地为你把着厚重的大门，让你先出门或者先进门。

在大温，不论男女老少都十分注重私人空间，他们会把许多事情看成是旁人不宜过问的个人隐私。他们觉得个人隐私有以下几方面的功能：个人自主、情感放松、自我评估、有限保护交际等等。因而，对于涉及年龄、体重、收入和婚姻状况等绝不能随便提及，即使是在特别要好的朋友之间，这些隐私往往也是"禁区"。此外，夫妻之间同样也有隐私，配偶双方不能随意拆看对方的信件和钱夹，彼此之间也需要有一个属于自己的空间。

大温人把自己的私人空间看作是非常严肃的事，在节假日时他们即使收到关于工作方面的电话留言或者邮件一般也不会给予回复，正常的休息时间对他们来说是神圣不可侵犯的。另外，他们对幼儿的隐私也给予保护和尊重，因为这是保护和尊重他们自尊心的表现。

大温人的"六爱"

　　每个国家、每个地区的人都会有一些自己的爱好，大温地区的人亦如此。据我观察，大温人有以下"六爱"。

·爱国家

　　到过大温的人恐怕都有这样的感觉，红白两色的国旗元素无处不在，爱国情怀表现得淋漓尽致。大温人认为：加拿大国旗是加拿大重要的国家象征。

　　统计局的资料显示，大温人对加国的自豪感、认同感和归属感，很多主要来自加拿大的历史、军队和社会福利。

身披枫叶旗的市民

7月1日是加拿大的国庆日，这一天，《哦，加拿大》的国歌声回荡在人们耳畔，不少人手举小国旗，胳膊上或脸上画着国旗，身上披着枫叶旗，疾驶的车辆上迎风招展的是红枫旗，各大建筑和独立屋上飘扬的是国旗。不少人来到温哥华市中心的加拿大广场，或自发参与巡游及观看，或在海滨公园观看现场音乐和娱乐表演。也有些人到素里参加西岸最大的庆祝活动，或到格兰湖岛感受异域文化，或到布拉德湾观看烟火表演。他们动情地参加这些活动，对美丽、富饶土地的热爱之心油然而生。这一天，很多商品都打折，商品贴着国徽标志，就连蛋糕上都有用奶油画的红枫叶国徽标志。这时，一种爱国主义的情感油然而生，它是那么轻松自然，使人沉浸在浓浓的"爱加国"的氛围之中。

2010年温哥华举办第21届冬奥会，加拿大政府视作弘扬爱国主义精神的好机会。总理哈珀公开表示，冬奥会期间加拿大应当放弃他们对爱国主义的含蓄表达方式，应当大声地、骄傲地为本国运动员欢呼、加油，加拿大人应当以国家为荣。

哈珀总理这么说了，民众也是这么做的。在十七天的紧张赛事中，大温人热情观战，积极主动地做好各项服务工作，冬奥会取得圆满成功。加拿大运动员以良好的战绩提升了加拿大人的爱国热情。

·爱道歉

道歉是一个惋惜或同情的感情表达，是一个条件反射的动作。

在西方文化中，解决争端的第一条就是道歉。卑诗省在2006年出台《道歉法》，成为加拿大第一个专门为"对不起"立法的省份。

大温人爱道歉的习惯可以追溯到英国根源。他们追求体面的绅士风度，做到礼貌、得体和谦让。当小孩做错事时，父母和老师会教育自己的孩子向别人道歉。在商场里，行者无意撞到对方，此时撞者和被撞者往往会同时向对方说声"SORRY"（对不起）。有次我到商场去，前面有个白人两手提着重物，走出商场后无法用多余的手为后来的我扶门，居然对我说了声"SORRY"。有时，甲被乙不慎撞到，乙会本能地对甲说"SORRY"，意为告诉甲，自己没有伤及，示意甲不用在意。

道歉是一种社会的润滑剂，起到了不断改善人们关系的良好作用。对于华裔来说，印象最深的道歉显然来自时任总理哈珀。2006年6月22日，哈珀就历史上向华人征收"人头税"问题在国会上正式道歉，并承诺对仍在世的"人头税"苦主及遗孀进行补偿。可以说，哈珀总理为大温人在道歉方面做了表率。

· 爱冰球

冰球又被称为"冰上曲棍球"，是加拿大的国球。对大温人来说，冰球文化是加拿大文化的重要组成部分，是自己生命力的激情、尊严和骄傲，已经融入生活中，这是一项勇敢者的运动。

激战正酣

身处大温，时时能感受到冰球文化的巨大冲击：现代化的室内冰球场雄踞各城市的中心位置；冰球的消息报道经常现身于媒体的头条；冰球运动的书籍资料往往会占满书店的很大一角；种类繁多的冰球用品会陈列在商场、超市里，使人目不暇接。温哥华市市长罗品信说过，如果能成为一名冰球队员，我宁可不当这个市长。

温哥华是世界著名的冰球基地，也是北美职业冰球联赛劲旅 Canucks 的发源地。早在 1912 年冬末，这里就出现了加拿大第二家室内冰球场。这里的小孩很小就学打冰球，为的是培养骁勇、灵敏、智慧的良好素质，不少孩子为在国家冰球联盟中打球而追梦。过人和过球，往往只是一瞬间的事，运动员在场上的时速可以达到 120 公里。

每到暑假，温哥华会举行各种冰球夏令营，参加夏令营的学生可以作为业余球员，接受专业教练的指导，在一个球队中接受专业的精英训练。

在大温，冰球也是商业活动的组成部分，一些商家借冰球场的气氛来谈生意。在温哥华的罗渣士冰球场，比赛看台的最上一层是一圈包厢，虽然不是观战的最佳位置，但包厢的票价很高，斯坦利杯决赛的票曾被炒到 3000 加元一张。一些公司将其包下，作为招待客户和洽谈生意的好地方。场上气氛热烈，谈生意的人往往也会受到感染，产生激流勇进的情绪。这时，看冰球就是身份的象征。

大温有不少旅裔要想融入加国社会，学会看冰球可谓捷径。在大温有这样的话，要做个真正的大温人必须学会看冰球。打冰球、看冰球比赛、聊冰球话题是大温人生活中重要的一部分。在这里，男女老少都爱欣赏冰球运动那种无与伦比的速度比拼、队员之间毫无顾忌地合理冲撞以及观众与比赛双方的互动。竞争意识是大温人核心价值观之一。冰球运动逐渐地衍生出包括思维能力、应变能力、自我控制能力和竞争意识，冰球场实际上已成为大温社会的缩影。大温人认为，竞争是社会发展的原动力和催化剂。

· 爱排队

大温人讲礼貌、讲友善、讲秩序，在他们的眼中，排队就是秩序的一种表现方式。在街上，如果超过一人站队，他们就会自觉地站成一字队形。只要你站在队尾，就会有人问你："是在排队吗？这是排什么队？"他们不仅自觉排队，而且很有耐心。

在假日，一些社区会组织民众画脸谱、拧气球、搞动物造型等活动，有时队伍会排得较长。排队的人一脸平和，说说笑笑地逗孩子玩，直至站到前列。

那天是周末，渔人码头遇上一个早春的好天气，前来码头的游客很多。PATO'S 餐馆是食鱼的一个名店，从码头起就开始排长队，到 PATO'S 需花个把小时。在码头和水上餐厅之间的廊桥前专门还站了一名PATO'S的员工，每隔几分钟就向排队的人告知一下所需的时间："从排队到点单需要30~40分钟，你还需要再等上20~30分钟才能拿到最好的食物。"这种食物是大比目鱼，外酥里嫩，口感上佳。到渔人码头的游客喜欢到此享受一番舌尖上的美食。

在温哥华国际机场的麦克阿瑟葛兰名牌商场，一些名牌店外经常会排起一溜溜的长队。为了买到心仪的名品，一些顾客愿意花上个把小时，有的甚至起早贪黑，坐便携椅甚至睡帐篷排队等候开门。在营业时间，商店分批放人入内选购名品，秩序井然。

节礼日是大多英联邦国家在12月26日（圣诞节翌日）庆祝的节日，是最流行的购物节。这一天，大温各大购物中心内人潮涌动，无论是商家还是顾客，对价位合适的商品都充满了热情与期待。购物的人们兴奋热切但又不失理智，忙碌地穿梭在各商场，享受节日的特价优惠和购物的快乐。一些电子电器产品商场清晨6点就开门，迎接那些排队等候心仪商品的人，推出"破门"抢购价。不少顾客不惜排队几十分钟，选购物品后又需再排队半个小时才得以付账。

· 爱晒太阳

卑诗省有近400个省级公园，只要是天气晴朗的夏天，不管在海边还是河边抑或湖边，经常可以看到穿着少得不能再少的衣服的大温人，接受阳光的洗礼，尽情地享受阳光带给他们的愉悦和快乐。他们忙着抹防晒霜或喷防晒液，在硕大的沙滩伞下或闭目养神，或在阳光下看手机、看书。至于在"天体"浴场，那就可以一丝不挂地享受阳光了。他们追求以少穿衣服为美、把皮肤晒成古铜色为美。

当然，如果晒太阳过了头也会引出新问题。有统计称，在喜爱晒太阳的人群中，患皮肤癌（黑色素瘤）的人数呈上升

爱晒太阳的大温人

趋势。看来，凡事都不能过，太过了就会走向反面，这就是辩证法。

· 爱做义工

义工是一种社会文化，它的口号是"为社会付出"。大温人普遍都有做义工的经验。帮助别人，收获的不仅仅是经验，还有很多快乐。

做义工有很多好处，可以提高自己做人的层次和品质，体现一个人的社会价值，使人的善良本性和助人热情得以充分表露，感受到助人的快乐和生命的充实；还可以丰富生活体验，锻炼和提高自己的工作能力、交际能力与耐力，提高自己的可信度和美誉度。而且，成人的榜样又可以从正面影响自己的后代，带来正能量。

温哥华有很多义工工作机会，也有很多义工工作职位向青少年开放。卑诗省教育局要求，每个学生在高中毕业前都要做满30个小时的义工工作时间，否则拿不到毕业文凭。因而，义工实践实际上成了大温中学生的必修课。

因此，在一些大型的文娱活动、体育赛事、公益活动中经常可以看到许多义工的身影。义工涉及的范围很广，如环境、摄影、图书馆、博物馆、宣传艺术、社会传媒（设计）、影片制作、户外运动、农场工作、家庭服务等。在这里，指挥交通有义工；义卖食品、做三明治、洗碗碟、端盘子有义工；咖啡厅的钢琴伴奏有义工；老师带学生到校外参加活动有义工；学校图书馆里有义工；旧电脑的拆解或组装有义工。

小朋友也爱晒太阳

中小学教育及留学生

张婧媞女士曾经在《留在温哥华》一书中总结：移民加拿大最大的收获是，给三个孩子提供了宽松却有意义的学习生活环境。

包括大温在内的教育系统认为：孩子在1~9年级特别是小学阶段就应该快乐地成长，在这个阶段，孩子们的心理和生理情况都不够成熟，不应该给孩子添加太多压力，应保证孩子在健康的家庭环境中生活。

这里的教育体制比较宽松，它能容纳每个学生，使每一个学生都被尊重。中小学阶段共12年级，1~7年级为从学龄前教育到小学；8~12年级为中学。

不少亚裔家长一开始不太适应大温的小学教育，这里的教学看似有点松散，老师不会像保姆似的盯在学生后面。如果学生没有及时做好功课，最多是老师给家长发一封提醒信。为此，家长会注意四 W 法则：

（who）在什么地方；

（where）在干什么；

（what）什么；

（when）什么时候回家。

家长会意识到：在孩子未成年之前，管束是父母的责任；要教育孩子从小就了解道德和法律的界限；要永远让孩子看到希望；要对孩子实施快乐教育。

很多家长都在考虑家庭的教育目标，我赞成这样的结论：给

私立学校的美丽校园

孩子一个自由生长的空间，培养出到社会以后无须太多过渡的人。北美的教育体制努力培养的是到了社会就是有用的人，重视的是很多学业以外能力的培养。

我的两个外孙女分别在4岁和1岁时来大温，良好的语言环境造就了她们娴熟的英语口语能力。我们常常半认真半开玩笑地和她们说：请说中文，我们听不懂你们的英语。

在大温，学校老师不讲"师道尊严"，往往把自己看成学生的朋友。每天清晨打开教室门以后，首先露出的是班主任那张笑盈盈的面孔，迎接着一个又一个学生进入教室。有时，老师还端起学生的小脸以示喜欢。艾米在学前班的时候，有次门一打开，老师的笑脸露出以后却没看见一个学生，只见门外站着十几个家长。班主任明白了，孩子们一定在和她开玩笑，于是，她笑眯眯地走出教室，在转弯处把一个个猫着腰和她"躲猫猫"的学生找出。这时，学生、老师和家长个个都哈哈大笑。他们懂得：不要把学习放在玩的对立面，误用时间比虚度光阴更可怕。

那一天，艾米有一个画作在学校展览，我去送她并看了画作。在走廊里碰到校长，她高兴地应邀与我们一起照相。只见她把身子蹲下去，单脚跪地，试着与站着的艾米同高。这大概也是加人"平等"的表示，我感到，这时的她不是校长，而是艾米的朋友。尽管她的"身高"变矮了，但是她在我心目中的形象却长高了。

学校重视让学生走出教室、走进社会、走进大自然，让学生们在"玩"中加深了解。每个学期，学校都会组织学生到农村、工厂、公园和博物馆等处参观，参加户外运动、烧烤、游戏和参观文化历史古迹等活动，增强他们对社会的感性认识。只要家长愿意，欢迎家长与子女一起参加相关活动，有的家长也同时当起义工，帮助老师组织好活动。

有一项教育基金补贴。只要父母向计划中存进10加元，政府就会向计划中存入2~2.4加元。开了这样的户头，家长总共可以获取政府给孩子7200加元的补贴，这是一个不小的福利项目。

这里的中学从8年级（即国内的初中二年级）开始。北美的大学重视10~12年级中每一学期的成绩，也就是综合GPA。

中学一般开设下列课程：英语（英语、ESL、英语语言文学、写作、新闻）；

公立学校的运动场

人文学（社会研究、地理、历史、法律）；科学（化学、物理、生物、地球与空间科学）；数学（数学、微积分、会计学）；商务教育（经济学、市场营销、计算机应用）；视觉与表演艺术（艺术、数码摄影、舞蹈、戏剧表演、戏剧文学）；音乐（乐队、合唱团）；第二语言；家政学（烹饪艺术、缝纫）；技工（木工、金属制品、制图）；各种体育团队及俱乐部。

从此可见，这里的中学既重视基础课程，也注重培养学生的技能。在中国，以上的不少技能性课程往往要在大中专院校或职业技术院校才能接触到。

我外孙女的堂姐在10年级时到此留学。在国内，她的上海同学们正忙于厉兵秣马，备战高考，她在这里的三年过得比较轻松，双休日除了做义工，还经常有时间逛商场、看电视、品尝风味小吃，这在国内似乎有点难以想象。2016年，她被世界大学排名第34位的加拿大多伦多大学录取，攻读建筑学。

在中学，教育目标依然是一个重要的问题：准备上美国的常春藤名校还是希望接受英国的牛津大学、剑桥大学这一类贵族式的熏陶？抑或干脆留在加拿大上学，实际上，据2016年QS世界大学排名，加拿大有麦基尔大学、多伦多大学和卑诗大学进入世界大学排名前50位的行列。加拿大的医科、商科、财会与生物工程等专业在国际排名中均有较好的口碑。

这里，重要的是让孩子自己树立目标，而不是家长包办代替子女做出选择。实际上，教育是一个复杂的系统工程，人的智能往往也是多元化的，学生在学校里所学到的不仅仅是知识本身。培养一个具有独立人格和健康快乐的孩子，这无疑是家长的愿望。位于大温列治文市时代教育集团的创始人唐子新老师拥有20年的办学与教育经验，深谙中西教学。他认为：中西教学风格、价值观、社会地位等差异是影响孩子表现的隐形力量。他还认为：孩子的创造性思维很难被培养，却很容易被抹杀，所以需要家长、老师、社会的扶持和培养。作为教育者要知道西方社会与东方社会的不同，然后有机地连接起来。

近年来，有越来越多经济条件相对宽裕的中国人把还在上中小学的孩子送到加拿大留学，因为加拿大是世界上教育体系很完善的国家之一。据大温所在的卑诗省教育厅的统计，仅在该省留学的中国中小学生就有4300人，还在呈现快速增长的趋势。按照加拿大的移民政策，欢迎由学生转为移民。

留学生在大温会面对语言、心理和自力等方面的多重挑战。由于东西方教育方式的不同，中国的学生在沟通方面一般比西方的学生要弱，有的差距还很大。

过来读小学在英语方面问题还不大，如过来读高中的同学，则需要多参与社区活动，多当义工，以便融入社会和增加练习英语口语的机会。在校也应尽量与同学多用英语交流，同时要养成课外阅读和写日记等习惯。对于自我管理能力较差的学生，家长应寻找一位能对学生负责的监护人，以便对学生的生活和学习方面进行指导和监管。

对于留学生来说，家长的情感支持十分必要。家长不应过多给孩子树立"报喜不报忧"的观念，因为留学生本身已和父母相隔万里之远，如果缺少沟通，对于孩子的身心健康则将有弊而少利。在这方面，需要强调"及时"二字，做到及时沟通，及时让父母了解自己的学习和心理状况，及时得到帮助。

子盈的堂姐高中时期在此留学，第一年住在我女儿家，一年多以后找了一个寄宿家庭。应该说，这对于高中学生加强英语口语训练，融入当地人的生活方式，了解当地的风俗文化和价值观等会有帮助，是一种很好的家庭生活体验。然而，寄宿家庭不是爱心机构，而是商业运作的一种模式，一个月1200加元的标准收费中需提供被监护人的住和吃，寄宿家庭赚的钱并不多。不少白人家庭颇有爱心，对中国学生也有好感，然而对于寄宿生来说，应注意做到入乡随俗，尊重并依从

阜诗大学讲堂

寄宿家庭的生活习惯、作息时间和饮食习惯，这对于双方的和睦相处非常重要。寄宿学生必须明白：寄宿家庭不是自己的家，而是临时之家，别指望 homestay（寄住家庭）、father（父亲）和 mother（母亲），会像自己的亲生父母一样溺爱和娇惯自己，自己只是寄宿家庭中的临时成员，要注意克服和改正不良习惯。

留学生应掌握一些生活常识：

问候：一般只需微笑或点头、招手。初次见面，加拿大人通常会握手并做自我介绍。一对一谈话时应该与对方保持目光接触，事前要征得房东同意后方能邀请朋友来访。

作息和洗浴：西方人大多喜欢早睡早起，寄宿学生晚上9点以后最好不要再使用电话与人聊天，不要夜半归来影响房东休息。寄宿生搬入后就需询问自己洗漱的合适时间，以免时间发生冲突或没有热水。晚上9点以后不再洗澡，洗漱也尽量避免大声。洗澡时间一般在10分钟左右为宜。

练习英语会话：很多寄宿学生的初衷是多找机会与西方人练习英语，但最好找到合适的机会和话题与房东聊天，切不要不分场合、不看脸色，要求房东陪你练习英语会话。

用餐：民以食为天，吃惯了中餐的留学生天天接触西餐会有较大的不适，但必须克服困难。在这里，早餐通常为果汁、水果、面包、汉堡包和咖啡等。午餐较简单，一般为汤、三明治、牛奶和水果，很多学生带餐到学校，需与房东商量提前准备。正餐一般在晚上6点，通常有肉或鱼、米饭或土豆、蔬菜、面包和甜点等。当食物在桌上传递时，最好让加人先动手以便模仿。

收拾房间：房东一般每周六或周日会进行一次家居的清洁，全家动手收拾房间、洗涤衣物、给地毯除尘等。寄宿生不要将自己当旁人，心存"我付钱你劳动"的想法，也应对自己的房间里做全面清洁，浴室一定要清洗干净，然后用布擦干，开窗换气。平日里也要注意保持自己房间的干净与整洁。寄宿家庭通常不允许吸烟。寄宿生还应适当参与一些家务劳动。

礼物：作为寄宿生，刚到达时最好带个小礼物。礼物最好是能够代表本国文化的东西。

邻居二三事

　　女儿在大温地区的素里市买了一套独立屋（中国称别墅），邻居是加人，户主是个英俊的飞行员，休假时常在家忙这忙那；太太搞销售，经常会出差；夫妇俩育有二子，小的8岁，与我大外孙女同班；大儿子已有10多岁了。

　　对飞行员的了解源于那一场"情景剧"：

　　5月上旬的一个中午，一个身穿制服的女工作人员按响了女儿家的门铃。当地的公务服装与国内不一样，我难以判断出她来自何单位。

　　下午女儿回来后得知"制服女"上门执行的公务：有人举报，女儿家草地的围墙上有黑蓝字体的乱涂乱画，必须在规定的时间内清除。尽管涂鸦非我家人所为，但谁家的围墙出了问题由谁家负责清理，这就是大温的法规。

　　天哪，我们既无工具，又不知该如何清除，看到我们束手无策的样子，飞行员主动推着装有水管的车，扛着水枪，前来帮助清洗。

　　我很不好意思，只能当配角，一处搞完又换一处；飞行员又是推车又是拖管子；我示意管子给我，你就弄水枪，他却对我说了句"Thank you"（谢谢你）。

　　用了半小时光景，涂鸦终于清洗完了。他看到自家的树枝被风刮到我家的草地上，赶紧将树枝丢回自家院内，还连说"Sorry"（抱歉）。确实，加人爱道歉，"Excuse me"（原谅我），也常常被加人挂在嘴上。

晚上，女儿给他家送去一个漂亮的冰激凌蛋糕。以示谢意，我们和他家的关系也更和睦了。我则对他们给予了更多的关注。

几天以后，飞行员乐于助人的品格再次展现。

那天清晨，我送外孙女去上学。走到教室外面，见一小孩手提大水壶准备浇花。窗台上的花多数是学生们从自己家里带来的，谁早到学校就负责浇花。见小女孩比较吃力，送儿子上学的飞行员便蹲下身来，让小女孩踩在他腿上浇水；一看还不够高，他索性起身将小女孩抱起，让她一次次地将花浇完。

家有两大"金刚"，飞行员在教子方面也很有办法。只要天晴，多半能看到他和孩子一人骑一辆自行车前往学校。毫无疑问，这是为了增强孩子的体魄。大儿子晴天上学用滑板，潇潇洒洒，才十多岁的他已很有男子汉的气概了。有时双休日在家，也常看到他灵活如飞燕似的在滑板上的身影，就像是父亲驾驶着银鹰，翱翔在蓝天白云之间。

参加体育活动，对男孩子来说也许不是件很大的难事，但要坚持锻炼，而且是不少人还在甜蜜的梦乡中的时候，也不太容易。每天清晨6点，邻居家的汽车就发动了。我常注视着车灯在我们房顶上的光线移动，似乎也成了对我的"叫醒"。大儿子练游泳，小儿子练冰球，从6点15分到8点，然后到学校上课。父母坚持送，儿子坚持练，这种韧劲实在使人感动。在加拿大，不少父母都很重视孩子们的体育锻炼，尤其是男孩，把他们锻炼成伟岸的男子汉。

在小学二年级时，飞行员的小儿子又参加了学校里每周五放学后两小时的篮球训练。那天我去接外孙女时，看到飞行员夫妇也在观众席上看儿子练球。父母在场，儿子增力，在训练结束教练小结时，儿子受到了口头表扬，还奖励到一瓶饮料。我对飞行员竖起大姆指，说道："Very Good（很好）！"飞行员夫妇会意地笑了。

加拿大的国球是冰球。在2014年2月俄罗斯索契举行的冬奥会上，加拿大男子冰球队勇夺冠军。同中国的乒乓球一样，加拿大的冰球在世界上称雄的基础也在于学生。很多学校都有冰球队，很多体育场馆都有冰球场。即使在家里，学生们也会经常练习"旱冰"。一个冰球门，长年累月都在自家草地上。有空时，只要父亲一上阵，两个儿子都会加入练球，有时连他家里的菲律宾女佣也会一齐"参战"。看到他们的一招一式，可以预见到五年、十年以后，他们也许就会在冰球场上骁勇冲锋，为枫叶旗争取更多的荣誉。

圣诞节快到了，很多独立屋被彩灯装饰得熠熠生辉。树上挂起巨型的灯饰手杖和雪形银灯，鹿拉雪橇的造型也出现在不少房子的门前。雪人在帮着守门，圣诞老公公则与其他玩偶一起加入欢庆的行列之中。

邻居家的门上挂起了圣诞花环。圣诞节用冬青和槲寄生点缀环境，这是欧美人的一个传统习俗。用冬青树树枝编成花环挂在门上，据说绿色可以避邪；按圣诞节的传统习俗，凡是女子站在槲寄生下面，任何人都可以亲吻她。

圣诞节那天上午11点，我们出车到郊外去，飞行员正在门口保养一艘漂亮的游艇。我笑着对他说："Merry Christmas"（圣诞节快乐），飞行员随即也热情地说："Merry Christmas！"我难以用更多的语言与他交流，脱口而出："Next year（明年）？"他似乎也听懂了我的问话，连说了两句"Next year"、"Next year"。此时此刻，在我的眼前出现了一个美丽的画面：当着繁花盛开之时，飞行员全家驾驶着游艇穿行在浪花四溅的海面上。我想，飞行员开惯了天上的飞机，在海上搏击风浪，享受浪遏飞舟的感觉一定也很不错。这时，飞行员又停下手中的活，走上前来与我和妻子一一握手，他的手很温暖，也很给力，这是我所握过的最给力的老外的手。

欢乐的橱窗

族 裔 文 化
National Culture

城中之城唐人街

在北美地区，除了美国旧金山，温哥华的华埠是第二大唐人街。

加拿大华埠历史研究专家、加拿大政府勋章获得者、维多利亚大学地理系荣休教授、被誉为"加拿大唐人街之父"的黎全恩先生曾经给唐人街下过如下定义："通常的看法就是中国以外任何城市的中国人的住处。"唐人街的形象"被同时看成为旅游胜地、充满魅力的内城区域、具有历史纪念意义的街区、中国遗产的象征，以及（或者是）加拿大多元种族社会中的加拿大华人的根"。

鸦片战争以后，大批华人为了躲避国内的贫穷和战乱，不远万里来到北美。1858年，不列颠哥伦比亚发现金矿，中国人开始

唐人街一隅

移民到加拿大。1881年加拿大太平洋铁路的动工又吸引着大批华工来到卑诗省，这条铁路结下了华人移民和温哥华一个多世纪的难解之缘。

太平洋铁路从西到东有3800多英里，中国华工修筑的地形是最为复杂的崇山峻岭和河流地段。当年的华工将火车铁轨修到了河岸的峭壁上，创造了一个奇迹，为安全打开卑诗省与加拿大内陆省份之间的联系立下了不可磨灭的功劳。华工为此付出近千人的生命代价。

铁路修好后，联邦政府不愿接受这些华工为居民，又不敢公开说，开始向进入加国的华人征收"人头税"——每人需交500元加币才能加入加拿大国籍。1923年，联邦政府颁布了《华人移民法案》。法案规定，除了商人、外交官和留学生以及特殊情况外，禁止华人进入加拿大。另外，华人在选择职业、出境居留和参与选举等方面都受到极大限制。这样，许多华工面临既无路费回国又无钱入加籍的两难选择，只有做苦役借款交费。

第一次世界大战期间，10多万中国劳工投入战争。1918年3月，8.4万多名中国劳工正是经过温哥华被运送到西部前线的。战争结束后，中国劳工被遣送回中国。第二次世界大战爆发后，加拿大政府又一次想起了不怕牺牲又吃苦耐劳的华侨，从中招收800多人参加联军，加入欧洲战场，其中大部分人在战场上牺牲了。

2006年6月22日，加拿大总理哈珀在国会大厦终于公开向中国华侨道歉，并相应给予补偿。早已不在人世的老华工们终于能在九泉之下得到一点安慰。

·唐人街的繁荣、危机与变迁

早年间，华埠的移民由于法律上的限制和语言不通，多数只能从事本地西方人不愿意干的行业，如裁缝、洗衣、运货和三文鱼加工等。华人的经济能力和社会地位极低，没有任何社区欢迎中国移民，他们不得已创建了一个属于自己的社区——唐人街。

二战以后，加拿大联邦政府决定恢复华人的公民权利，废除排华法案。虽然当时的主流社会仍然用有色眼镜来看华人移民，但是华埠居民的素质在逐步提升，华人经济状况在不断得到改善。

随着小商业的发展，华埠从20世纪50年代起进入"黄金时代"。1971年，市政府将华埠列为"历史城区"，老建筑开始得到政府的保护。从20世纪70年代起，加拿大政府推行"多元文化"政策，从法律上禁止歧视华人，华人移民的第二代开始获得融入加拿大主流文化的机会。

　　几条连接在一起的街道组成了唐人街。街上布满各种各样的商店、餐馆，悬挂着中国商行颜色鲜明的商业招牌，行走着操持中国各种方言的人，弥漫着中国的食品和货物特有的味道。这里，有华人爱吃的各种果菜；干货店里整齐地陈列着参茸、干鱿鱼、干虾米、干贝、香菇、木耳、罗汉果、西洋参；中药店抽屉里、柜子里摆满了各种中药和草药。这是华人居住、经商和社团办公的地点，俨然就是一所自我包容的城镇。这里，有两三层用砖块或木头砌成的公寓楼房，也有木棚、小木屋及一些融合中西建筑风格的办公大楼。这里，有打麻将的声音，也有京剧"西皮""二黄"的唱腔……

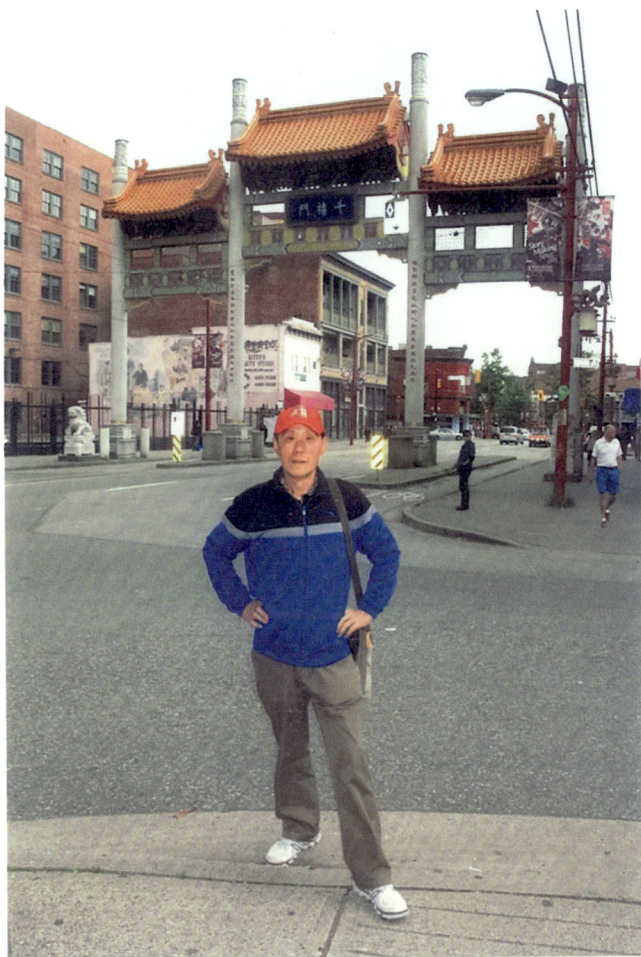

千禧门大牌坊

这时，我的耳边响起由赵英俊作词作曲、李宇春演唱的《唐人街》的歌词——

有语言没宣言

福字儿要倒着写就念尊严

一瞬间几千年

汤圆儿喝两碗就能不思念

请问走多远才到唐人街

上二楼再听一段儿狄仁杰

是谁又斟满老酒敬得坚决

绣花儿枕陪我过夜

请问走多久才到唐人街

墙上刻八千里路云和月

眼泪又惹了炊烟流的蜿蜒

谈笑间谁又忽略

几时升起了明月

红灯笼挂牌楼

夕阳下蒸什么拌葱油

有人来有人走

心中的河永远向东流

1967年，温哥华市议会公布高架桥和道路改造计划，华埠区域的多处建筑将被拆除。同时，市政府采取一系列针时华埠的政策和限令，比如，限制"历史城区"的建筑高度、强制商家周日和公共假日休息、限制华埠夜市、街道铺面不许摆卖烧腊等食物……华埠靠近缅街一带变成贫民窟的代名词，犯罪失控、毒品交易、娼妓、暴力、流浪汉问题突出。追根寻源，还在于市政管理不力。

20世纪70年代以后，大温地区的一些新兴城市出现，充满商机又整洁舒适。列治文市地处市郊，环境洁净、安全，方便停车，于是很多新老移民也纷纷向列治文、本拿比等市移居。

逐渐地，唐人街变老了，变空了，变得冷清起来了，变得不太有人关注了。21世纪以来，华埠走上了十年衰亡之路：老字号的居民变成灾民，商户变成困难户，小商户纷纷倒闭，所谓北美第二大华埠的称谓将成为历史。

有人对唐人街的衰退表示惋惜，甚至有点愤愤不平。其实，长时间与市场需要脱节的唐人街，终将淹没在时代的大潮里。正如黎全恩先生所说的那样："变化是不可避免的，唐人街的未来只能由新移民来塑造。"于是，振兴华埠的议题被正式提出。

2014年3月，温哥华市政府公布了市中心东端30年发展计划草案，将投入近10亿加元，对包括唐人街在内的7个社区进行全面改造翻新，包括兴建1万多个可负担房屋，提供更多的社区服务；增加区内居民的就业机会；振兴喜士定街沿线商铺。在以后的10年内，这里将出现很多底楼为零售商店、上层为住房、传统与现代特色相结合的混合型社区，喜士定街的零售商铺也会复活，传统文化将被保留。

唐人街，这个曾经繁华喧嚣的华人社区正在迎来新的变化。新公寓在开建，非华裔的商业在发展，一些新的商铺和艺术画廊开始入驻，地产商也将注意力投向这片沃土，标有"一切都会好起来的"字样的霓虹灯标牌闪烁着希望的光芒。

这里出现了国粹十分的"北京舫"，大红外墙是鲜明的中国风，中华民族风景饰画张贴在墙，中国古典家具也从容入舫。店主是两位醉心于中国文化的老外，每隔两年，他们就要到中国去进货。他们深知那些古老家具的历史价值，在某种程度上，这里比华人店铺更民族、更地道。

一个由华裔二代开设的菜馆"宝贝小馆"，一碗牛肉面卖到15元，但生意很好，尤其受西方人追捧。

华裔林先生开设了一家艺术工作室，他展示了大量类似涂鸦的喷枪画作，深受青少年的喜爱。华裔二代符先生是一家艺术展览馆的董事，馆名叫"221A"，几位董事都是崇尚艺术的年轻人。展厅内陈列着不少后现代的艺术作品，表达了创作者对现代社会的思索。符先生的体会是："这里正在改变，我感觉我们无力去阻止它不要变。"

我想，诸如列治文、本拿比等新唐人街在发展中产生，然而，它们毕竟难以与温哥华的华埠媲美，因为这里才是200多年前华人移民的生根之地。

值得一提的是，在第33届温哥华国际电影节上，来自温哥华本地华裔导演关素俐拍摄的华埠题材的纪录片《顺其自然》参展，受到关注。关素俐是二代移民，她父亲曾是唐人街一家中餐馆的服务员。在关女士的童年时代，周末的大部分时间都放在餐馆里。现在，华人新移民逐渐成为加国经济发展的推动力之一，华人社团正在更加积极地扩大自己的政治影响力，努力发出属于华人自己的声音。

罗品信市长表示："华埠是富有历史价值的地区，也是该市文化的重要象征之一。"某竞选市长的候选人也提出："联邦政府、市政府和华人社团的合作在振兴华埠计划中尤为重要，要吸引华埠外的顾客和年轻居民迁入，同时，华人社团及商会要与政府加强合作。"

· 被华人更被西方人看好的旅游胜地

在纷繁曲折的发展过程中，温哥华唐人街不知不觉地成为一个文化符号，被华人更被西方人看好。

我作为华人旅游者及华裔的寻根者来到唐人街。这里，有在世界各地的唐人街都有的朱红色的路灯、牌坊，也有迷漫在空气中的东方韵味。然而，这里却有着他地不一样的一些东西。

入口为"千禧门"的大牌坊，再向前走，另一处牌坊为"中华门"，还有"继往开来"的牌坊。这里的建筑风格古色古香，是中国建筑文化的经典写照，往往会给人一种置身于中国某个城市的感觉。然而，直觉告诉我：这是在加拿大而非中国，这是在温哥华而非北京或上海。

中山广场是唐人街的标志。广场中央矗立着引人注目的雕塑。以"中"字为主柱，右边是扛枪参加二战的华侨，左边是提着铁锹修铁路的华工。一副对联同

先贤伟业志壮山河
加华丰功光昭日月

样引人注目"先贤伟业志壮山河，加华丰功光昭日月"，以此表彰当年先贤之辛苦及光荣业绩。这是我第二次到此缅怀加拿大华人先辈。第一次是在2008年，我记得一栋面向东方中国的房子上书写着"远眺中国"四个大字，这是古朴沧桑的大字，这是历经生活艰辛、饱尝人间之苦的老华侨的心声。有首诗说得好："漂洋过海老华人，沧海桑田世间情；历经艰辛志不改，薪火相传有后人；无论天涯与海角，故乡情怀永记心。"现在，我们可以大声告诉那些思念祖国的华侨：东方醒狮已经挺胸屹立于世界东方，华侨在国外受欺凌的日子已经一去不复返了！

徜徉在街区，中国文化比比皆是，红色的灯标、灯罩，"北京大厦""天仁楼""加信楼"等醒目的招牌高挂，还有一些用中英两种文字标识的店铺招牌，掩映在绿树环绕的海洋。佐治东街上饰有龙的铜雕的路灯特别醒目，人们自然会想到龙的传人。灯柱下饰有"华侨历史区"及枫叶的雕塑。"老子骑牛踏山水"的大型壁画高悬，使人们想起了老子的警言："智人者智，自知者明。胜人者有力，自胜者强。"

老子警言

服装店内龙凤旗袍及男士唐装吸引着人们的眼球，使人产生一种置身于北京大栅栏或上海城隍庙的感觉。

这里有不少茶叶、陶器、宝石、肉铺、菜市、鱼店、中药店、水果摊等中国顾客喜欢光顾之处，世界上最窄的店铺——"周永职燕梳"吸引着人们来此参观，现已列入古迹。还有各种商会和宗亲总会，我看到了建于1921年的黄氏宗亲总会。黄氏不愧是大姓，看来在此已有好几代人了。

饭后到达中山公园，这也是世界上少有的在国外兴建的苏州特色花园，所用建筑材料甚至连花卉大多都从中国运来，是一个原汁原味的中国江南园林，是为纪念孙中山先生而建造的庭院。中国革命的先行者孙中山先生曾3次来温哥华为革命奔走筹款，深得当地华侨的敬重和支持。

在公园里参观的多数为西方人，也有不少华人。这座明朝样式的苏州传统庭园运用了道家阴阳平衡、光阴相对的哲理来设计，黑白对照的砖瓦及白墙、粗细石卵铺成的石阶，使人能领悟到道家的哲理。别致的圆月拱门、手工雕刻的花格子窗、独特的太湖奇石、刚柔相济的建筑，处处体现着中国园林古典之美的韵味。

园内的溪池池水呈绿色，给人深不可测的感觉。其实，池水仅三尺深，工程师用一种绿色的瓦板来铺砌池底，使人在视觉上既增加了池水的深度，又折射出翠绿之色。池水既与"松、竹、梅"岁寒三友和谐相处，又可保护池中的鱼免受飞鸟的啄食。

园内有"华枫堂"，散发出樟木的芬芳香气，堂名显然喻指中华和枫叶之国加拿大。在堂外，种了中国的白果树和加拿大的枫树，象征着中加两国的友谊长存。

水村是乘凉的好地方，圆形的拱门在古人看来代表天，另一边的正方形门花则代表地，喻义着天、地、人的合一。苏州制造的花灯使整个园林显得古色古香。

出到园外，见孙中山先生的铜像高矗，旁有一副对联："大革帝王朝肇兴民国漫游芳草地敬仰先生。"在此我们可以告慰中山先生，你所梦寐以求的"振兴中华"的伟业已经薪火相传，"中国梦"一定能在不远的将来得以实现！

孙中山先生的铜雕

一个多元文化交会融合的盛会

　　加拿大是一个移民国家。占全国人口99%的移民为加拿大带来了丰富多彩的文化气息，形成了多元文化的氛围。人民基于这样的信念：平等且多元化的社会才能使国更强、民更富。

　　2008年，加拿大联邦政府将大温的素里市选为加拿大多元文化之都，尔后，素里市每年7月都要举行多元文化融合节。这是卑诗省最大的多元文化的庆典，也是该市最大型的免费室外多元文化活动，每年吸引着十万余人参加，曾获全国最佳节庆活动奖项。

　　活动在市中心的荷兰广场举行。几十个族裔通过歌舞、音乐、民俗文化展示和特色美食等活动使参与者感受到了多元文化

大温素里多元文化融合节

的魅力。

　　绿油油的草地上支起了几十个尖顶的大帐篷，人们熙熙攘攘，热闹非凡地过节。在帐篷的侧面还支起了一排蓝顶的临时公厕，洁净而无异味。

　　一进广场，一男一女两个身穿彩装、脚踩高跷的人就吸引了观众的视线，摆出各种姿势与游人合影。另一年轻女子成了"搞笑女郎"，她最吸引人的是那红色的圆鼻及手提的"宝箱"。一些卡通人物也笑容可掬地与小朋友握手、合影。

　　世界音乐舞台、SFU庆典舞台、社区舞台和加中文化交流舞台分不同时段表演节目，我们只能选择一处观看，虽只是冰山一角，但风情浓郁，特色明显。

　　在小提琴和吉他的伴奏下，一金发碧眼白肤的女郎上场了，青春靓丽的形象和清纯的嗓音给人留下了深刻的印象。墨西哥女郎的头上别着红花，就像两只美

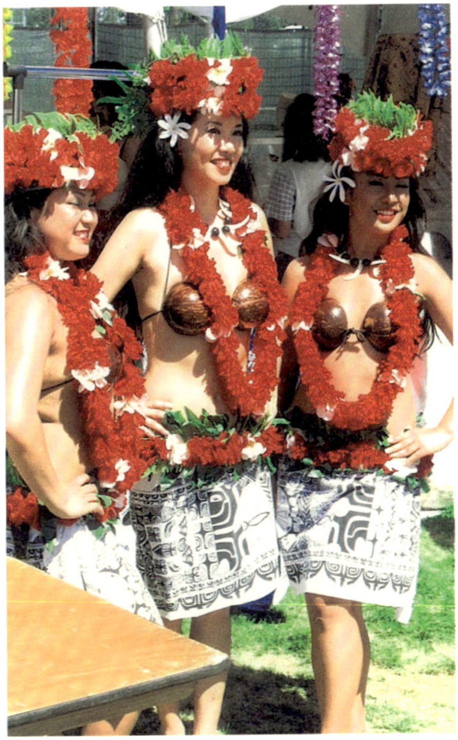

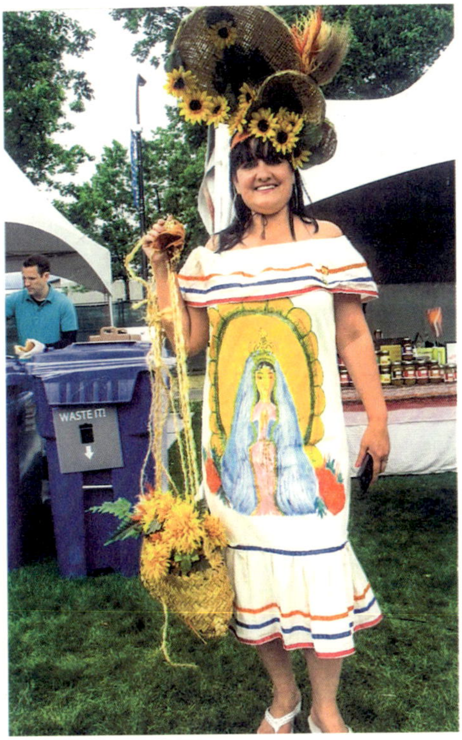
WASTE IT!

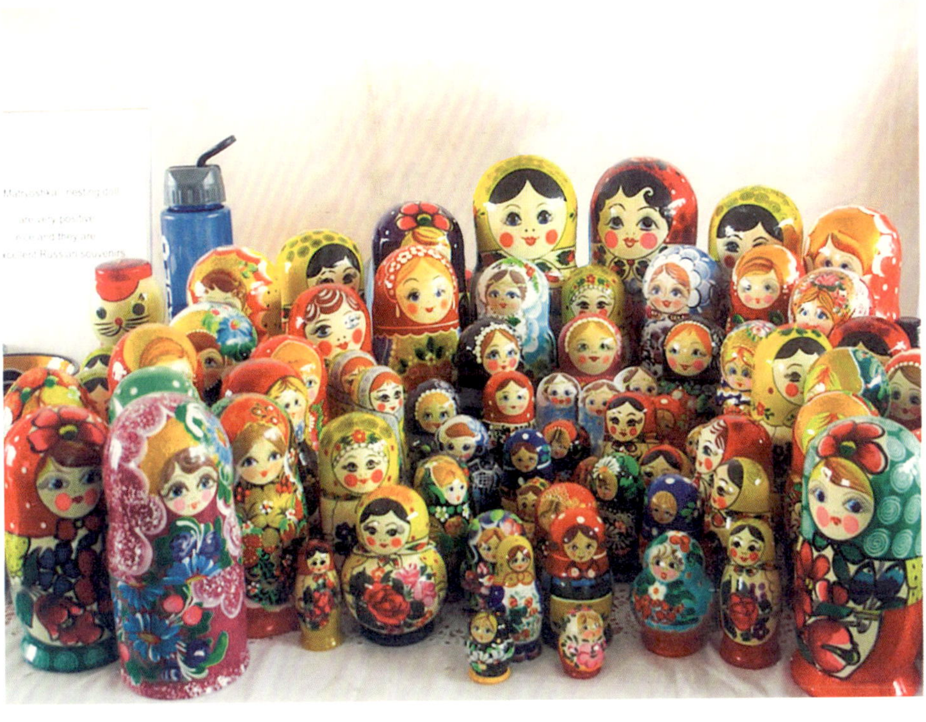

丽的花蝴蝶，手拉裙边，给大家送上热情奔放的舞蹈。韩裔演员的鼓舞和长绸舞演绎了大韩民国的传统习俗。三个非洲裔的黑人女孩为大家带来动感十足的舞蹈。台上是劲歌热舞，台下的观众再也坐不住了，也起身与台上互动，好不热闹。

华裔的表演是重头戏。来自阳光艺术中心的小演员们身着缀有蓝色珠片的傣族服装，手持蓝色透明的小绢伞。他们的舞姿时而恬静平和，时而欢快律动，极富东方韵味。一身红衣的演员表演的新疆舞，蓝衣女演出的红扇舞，婀娜多姿的少女表演的独舞等，生动演绎了中国少数民族的风情和生活。

BCIT温哥华孔子学院和汉扬艺术文化中心奉献了舞蹈《和谐》，将中国傣族舞、印度舞和爵士舞有机结合，通过各个族群的真情演绎，突显了多元文化的开放包容，给人耳目一新之感。天真活泼的儿童参演了两个舞蹈，一个是《喜迎春》，另一个为《春眠不觉晓》，同样获得了观众们的赞扬。

民俗文化展示同样也是重头戏。

一个玩具摊摆开了几十个套娃，大小不一，有女孩也有猫咪，几个俄罗斯大妈正在笑容可掬地招呼客人。套娃，随着俄裔东渡太平洋，在大洋彼岸盛开了艺术和友谊之花。几个来自秘鲁的妇女身着向日葵装轻盈地在人群中穿行，她们头戴向日葵帽，手挎向日葵篮，游客不禁为她们向阳的丽人装束叫好。货摊前也有表演。两个男子正在吹奏排箫；一着方格裙的苏格兰男子正在演奏风笛；希腊姑娘跳起了欢快的独舞；来自太平洋岛国的女子老少齐上阵，跳起了风姿绰约的舞蹈，有意思的是，两个男孩女孩也加入了她们的舞列。他们的表演，既有族裔风情的展示，也为了销售货摊上的玩具、乐器等物品。菲沙河谷台湾乡亲会带来了各种纸制兰花，蓝、白、红、粉，惟妙惟肖，简直可以以假乱真。而他们带来的传统文化布袋戏所用的各种木偶制作精良、操作方便，极具中华特色。

在一座加拿大的土著居民居住的房子前，十几个身着艳丽服装的男男女女正在演出。这里最早的土著居民是因纽特人和印第安人，他们与当地的白人及其他移民族裔和睦相处。男士们头戴宽边草帽，女子身穿花衣，有些头上、身上还插着羽毛，手执羽毛扇，动作轻盈灵动。

视觉和味觉，两者扮演着不同的角色，缺一不可。食物商铺在帐篷中占据着相当大的比重。油炸面饼、羊肉串、玉米串和土豆串发出阵阵香味。中国风味的咖喱鱼蛋和辣子羊肉使摊位前一度爆满。墨西哥的菠萝制品端口上斜插着一顶小红伞，外加一颗红樱桃，吸引着孩子们一尝为快。台湾人在食品摊位上占有很大优势，一溜烟地摆开了一口香肠、车轮饼、风味炸豆腐、手工蛋卷、风味臭豆腐、旋风薯条、奶皇奥利奥和红豆巧克力等风味小吃。各类水果、冷饮也有很好的销路。新鲜的草莓、自制的各类果酱、新鲜椰子汁等成为舌尖上干食滚动以后的最好搭档，吸引着游客用眼睛看、用嘴巴尝，用心去感受和品味。

花团锦簇、五彩缤纷的花卉让游客们流连忘返。印度裔居民喜爱与花合影，一大家或一小家站在花丛中，男士西装革履，女子裙衫靓丽，似乎在与花丛比拼

谁更美。

那个麦草堆实际是个迷魂阵，家长们往往会牵着孩子入内转悠，也不知转几圈才能找到出口。

傍晚时分，各族裔的巡游使活动达到高潮，道路两旁挤满了观赏的人群，响彻着"咔嚓、咔嚓"的照相声。最后，各族裔的队伍会集，出现了一派世界人民大团结的和平景象。

如果说，美国对多元文化采取的是"大熔炉"的做法，各族裔的文化到了美利坚的土地上慢慢地就会融为一体。加拿大则可谓是"马赛克"，即在多元化民族的前提下，各个族裔群体都有权保留和发展自己的文化和价值观。自1988年加拿大正式通过多元文化法以后，多元文化主义已成为加拿大民族关系中的主流意识形态。这提高了族裔成员的平等意识和自尊心，公民们强化了对国家的认同感，对在枫叶旗下更好地生活充满了希望和期待。

孔子学院总部十周岁庆生

2014年是孔子2565周年诞辰，全球华人社会展开了隆重的纪念和庆祝活动。国家主席习近平首次出席了在北京举行的纪念孔子的活动。

孔子学院是中国国家对外汉语教学领导小组办公室在世界各地设立的推广汉语和传播中国文化与国学的教育和文化交流机构。截至2014年9月，中国国家汉办已在全球122个国家合作开办了457所孔子学院和707个孔子课堂。

9月27日恰好是星期六，天公作美，经过连绵一周的阴雨后天气终于放晴，温暖的阳光照在身上，给人以暖洋洋的感觉。

中午时分，温哥华BCIT孔子学院为庆祝孔子学院总部成立十周年，在温哥华的万国广场举行文艺演出和中国的书法、国画、围棋、中医等文化展示活动。这是他们第一次走进社区，向加人介绍五千年中华文化的一个窗口。不少华裔和加人一起亲临现场，参加体验活动。

在《祝你生日快乐》的歌声中，切蛋糕拉开了十周岁生日的序幕，院长谷丰博士和于长学教育参赞为大家分发生日蛋糕，不少观众与演员一起分享了孔子学院十周岁的喜悦。这辈子我吃过的生日蛋糕不计其数，但这一次是最难忘的，因为在遥远的太平洋彼岸，以孔子为代表的中华文化提倡积极进取、奋发有为的人生，向内修身养性，形成仁、义、礼、智、信等良好的道德品质；向外要齐家、治国、平天下，越来越多的"老外"通过学习汉语，加深了对中国的了解。

演出前先是所有演职人员的合影，我的外孙女天媛手执横额右端的大照片出现在人民网上；生龙活虎的舞狮随着欢快的鼓声和锣声粉墨登场，生动地彰显出具有悠久历史的中国文化元素。

毫无疑问，文艺演出是最直观地展示多元文化的舞台，3个多小时，23个节目的演出向观众展示了中加文化的一个侧面。

加人安仁良和一华裔女演员担任报幕。安仁良被称为温哥华的"大山"，他是加拿大人，和大山师出同门，都是中国著名相声演员丁广泉的弟子，曾经担任中国中央电视台科教频道特别节目《味道》的嘉宾主持。早在2007年，他就在第七届"汉语桥世界大学生中文比赛"中获得过二等奖；2009年又在第二届"汉语桥在华留学生汉语大赛"中蝉联亚军。安仁良说的中文令人惊奇，不但流利，还带着一股北京口音。

除了报幕，安仁良还客串了好几个节目的主演。他和来自北京的华人合作表演快板《绕口令》，又与两个十三四岁的女弟子苏菲和贝丽亚合说相声《我的偶像》，还与艾杰西表演英文相声《装小嘴》，又单枪匹马说起山东快书《怕》。语言有天赋，勤学能成功，安仁良的中文说得溜溜的，就源于他的勤学和对中国的

庆祝孔子学院总部成立十周年文艺演出

舞蹈《剪花花》

感情。苏菲和贝丽卡虽说中文说得还显稚嫩，但对中文的热爱令人感动。此外，姚富山也单独表演快板《人间彩虹》，艾杰西又表演了脱口秀《中西碰撞》。这说明：语言切切实实是文化沟通的桥梁。以语言教学为切入点，可以架起文化交流合作的综合平台。以孔子学院为基地向社会辐射，可以为当地民众学习汉语提供优质服务，更好地发挥孔子学院在促进中加友好合作中的特殊作用。

英才音乐学院中国民乐团为大家奉献了两首加拿大的民乐联奏，一首为《红河谷》，另一首为《魁北克幻想曲》。其中的《红河谷》是我最喜爱的外国歌曲之一，我尤其爱听爱唱双声部的男女声二重唱。在加拿大听到《红河谷》，更觉别有风味。

《红河谷》是一首在加拿大平原地区广泛传唱的民歌，根据民俗学家的考证，这首歌产生于1870年的红河起义。当时，居住在曼尼托巴省红河谷流域的梅提人展开了加拿大历史上有名的反抗英殖民统治的红河起义，而梅提人则是欧洲人与当地原住民女子的混血后裔。《红河谷》描述了参加斗争的勇士们在离开美丽富饶的家乡时，妻子或女友与其依依惜别时的伤感心情。这首歌，使人们深深地沉浸在对故乡的思念和追求美好爱情的意境之中，流传至今经久不衰。

北美汉扬艺术文化中心发挥了重要作用，奉献了7个节目。其中，独舞《咏荷》、维吾尔族舞蹈《掀起你的盖头来》、团扇舞《荷塘月色》、藏族舞蹈《天路》和扇舞《满庭芳》等，向观众展示了中国各族人民的民俗风情，有时慷慨激昂，有时温文尔雅，有时欢快活泼，有时又含蓄恬静。我想，这就是中华多元文化的魅力所在。外孙女天媛参加演出的儿童唐诗舞蹈《春晓》天真活泼，诗韵和舞韵有机衔接，颇受好评。

演出结束后，我们又一路浏览了图画、书法、围棋和中医等展台，温哥华国际中医学院师生们为公众现场演示望、闻、问、切等中医治疗，还介绍了食疗和养生方法。一些热爱中国文化的当地人用半生不熟的中文向志愿者了解有关问题。按照安仁良的说法，这是"不要脸"的学习方法——只要听见有人说汉语，就走上前与其对话。

回到家里，我的耳边时时回响着《红河谷》那迷人动听的曲调，特别是那朴

妙趣横生

素雅致的中文歌词，令人回味无穷——

人们说你就要离开村庄，
我们将怀念你的微笑；
你的眼睛比太阳更明亮，
照耀在我们的心上。
走过来坐在我的身旁，
不要离别得这样匆忙；
要记住红河谷你的故乡，
还有那热爱你的姑娘。

你可会想到你的故乡，
多么寂寞多么凄凉；
想一想你走后我的痛苦，
想一想留给我的悲伤。

走过来坐在我的身旁，
不要离别得这样匆忙；
要记住红河谷你的故乡，
还有那热爱你的姑娘。

亲爱的人我曾经答应你，
我绝不让你烦恼；
只要你能重新爱我，
我愿永远跟在你身旁。
只要你能重新爱我，
我愿永远跟在你身旁。

一场中西融合的文化盛宴

　　10月24日晚，作为2015年全球"孔子学院日"的系列活动之一，"2015年汉扬艺术舞台"在贝尔演艺中心落下帷幕。这是温哥华 BCIT 孔子学院和北美汉扬艺术文化中心共同倾力打造的一场艺术展示。经过一年多的准备和运作，200多位演员奉献了这场多族裔、多团队、多形式、多品质的倾情演出。

　　一进入贝尔演艺中心大厅，等待入场的观众就被正在排练的室内音乐所吸引，沉浸在优雅的艺术氛围中。

芭蕾舞《飞翔》

作为温哥华三大青年交响乐团之一的素里青年交响乐团，50多位青年演奏员用气势恢宏的《贝多芬第七交响乐》为晚会拉开帷幕，给观众以惊喜的开场，人们聆听到的是其中的第一乐章和第四乐章。

各族裔的演员演出了《完美的谎言》《哦，亲爱的》《叛逆儿童》《消防车》《别害羞》《甜心》《行李箱》和《平安夜之歌》等歌舞节目。芭蕾舞女演员表演了独舞《飞翔》，惟妙惟肖地演绎了天鹅的仙姿，博得了热烈掌声。多次在舞蹈比赛中夺冠的小演员们带来的快歌劲舞动感十足。色彩斑斓、充满童话意境的儿童舞台剧不仅使小朋友感到惊奇，也使成年观众回忆起小时候，它使我想起了童年时看过的《马兰花》《报童》《皇帝的新装》等儿童剧。著名主持人安仁良的拿手绝活英文快板也给大家带来了欢乐与惊喜。他的搭档女主持人紧张得连台词都忘了，观众们仍以热情的掌声对其表示理解和鼓励。

舞蹈《俏花旦》

儿童剧《叛逆儿童》

舞蹈《欢天喜地》

汉扬艺术文化中心显然是晚会的顶梁柱，出演了十来个精彩的节目，为在多元文化的国家弘扬中国文化做出了贡献。演员们在优美的琴声和舞蹈中把中国古老的爱情故事《梁祝》讲述给西方观众。舞蹈《俏花旦》以其优美唱腔、独特服饰和灵动活泼的表演风格赢得观众的阵阵掌声。汉扬的孩子们表演了《春晓》《剪花花》《牧童》和《欢天喜地》等舞蹈，充分表达出儿童的天真与童趣。两个外孙女分别参加了演出。天媛的舞台经验已有两年多了，算得上是一名"老将"；子盈是名副其实的新手，学舞蹈才几个月，但她要么不上台，要上就上大舞台。

在台上她临阵不乱，轻松地完成了表演。

北美之星艺术学院的一名女高音歌唱家先是以饱满的激情演唱《我爱你，中国》，表达了海外游子对祖国的拳拳忠心，接着又以生动诙谐的曲调演唱了意大利歌曲《我亲爱的爸爸》，不同的演唱风格彰显出这位女演员扎实的歌唱功底。

压轴节目是旗袍秀《中华之韵》，演员们以独特的优雅身影和曼妙的中华风韵征服了观众。她们细致地把女人的曲线表现得凹凸有致，膝下开衩裸露的白皙小腿若隐若现，凸显出窈窕的身段，绽放出中国女性如诗如画的美丽。她们诉说着如梦如幻的旗袍传奇，摇曳着女人的万般风情。她们的表演充满自信，看得出，当她们在舞台上变换着队形，款款地抒发着悠悠中华之情时，发自肺腑地认识到自己还年轻，还可以为在大洋彼岸弘扬中国文化做很多事。

晚会在著名的奥地利作曲家老约翰·施特劳斯的著名作品《拉德斯基进行曲》中结束。作为老约翰的代表作，这首作品已成为很多通俗的管弦乐音乐会的最后曲目，就连著名的维也纳新年音乐会也不例外。观众随着铿锵有力的节奏和音乐的强弱一起鼓掌，所有演员分别从舞台两侧上台谢幕。这时，台下观众的相机闪光灯和手机如群星璀璨，与台上闪耀的灯光融为一体。

不少观众久未离场，仍沉浸在这场中西融合的文化盛宴的欢乐之中。

组创人员接受鲜花与掌声

华裔移民众生相

　　众多的华裔移民跨洋过海到新的国家开启新的生活并非易事，但是，只要将自己的兴趣点与社会密切结合，就会有所成就，最终也会被温哥华这个大社区所拥抱。当然，在他们中间也有一些并不成功，在大洋彼岸流下了辛酸的泪水。

· 移居不移民

　　加拿大著名品牌公司汇理金融集团的创始人张婧媞是丹丘财税咨询公司的董事长，也是加拿大注册财务规划师和高端客户财税问题解决专家。

　　她和身为特许金融投资分析师的先生在温哥华居住已有十多年。她认为："为什么一定要移民呢？很多人移民如同受罪，于是有了'坐移民监'这么个说法，都如同坐监牢了，还要移民？……十年签证的开放是件多么好的事情，移居不移民！想来就来，想走就走，咱们有骨气，不爱履行责任，就不享受加国福利，什么时候再来，掂量掂量再说！"

　　在温十多年，她努力拼搏，2013年被 PROFIT 杂志评选为加拿大全国女企业家第十名，2011—2013年蝉联加拿大人寿全国销量冠军，任加拿大财务顾问协会员、美国百万圆桌11年会员。她服务大温新移民10多年，培养逾百名保险经纪，提供近50个全职工作职位，培养了一批年轻金融专业人才。

张婧媞出版了温哥华三部曲——《家住温哥华》《留在温哥华》和《赢在温哥华》，为新移民了解加拿大的各项政策、一步一步走近温哥华提供了咨询和帮助。

·社长司晓红

作为曾经的解放军总政歌舞团和央视栏目《旋转舞台》的著名主持人，她曾经和赵忠祥、倪萍、周涛、朱军等主持界的"大腕儿"同台主持军队和央视的大型晚会，也和彭丽媛、宋祖英等国家级艺术家有过多次合作。当人们再次从媒体上见到她时，司晓红已经入主加拿大华文媒体《环球华报》并担任社长。

2014年，48岁的司晓红在温哥华迎来了人生中第四个本命年，同年5月，她以《环球华报》股东代表的身份全权接手这份创刊已达14年的华人报纸并出任社长。10年以前，中信文化传媒集团董事长李博伦先生就已入股《环球华报》，出任董事长，李博伦就是司晓红的丈夫。司晓红还兼任了中信传媒的艺术总监，为丈夫出谋划策。

司晓红说，要做，就一定要尽自己最大努力做到最好，把《环球华报》打造成一个优质的品牌，让每个员工都以"华报人"为自豪。从央视主持到报社社长，她相信传媒的理念是相通的；她坚信纸媒固有的市场魅力，同时又着手打造数字化时代的电子报、网络、微信和视频。她决心秉承《环球华报》的优良传统，带领报社走进社会、走入市场、走近读者，做好民意传递的使者、社团和商家的宣传之窗以及中加文化交流的桥梁。

·小小银行家

她，一个10岁的孩子，随父母从北京来到温哥华，读完小学、中学和大学；19岁，她就成功跨入北美的金融投资业，被人们称为"小小银行家"。

母亲在国内是大学教授，父母在孩子成长的道路上是最好的老师，母亲有实用的"人生主题论"：孩子们的生活，在不同的时代有不同的主题——孩童时代，营养是主题；小学时代，玩是主题；中学时代，学习是主题；大学时代，专业是主题；毕业之后，成家立业是主题。母亲还创立了"立体交叉思维模式"：懂得从正反两个方面，从里外不同角度，从今明不同时间，从上下不同方位，从中外不同国情入手，尽量全面地思考和分析问题，找到最佳的解决方案。母亲坦言："人生主题论"和"立体交叉思维模式"相平行，西方开放的教育体制和宽松的成长环境，也孕育了女儿的成功素质。

她，13岁开始思考"我的一生应该怎么度过"；15岁对股票投资产生浓厚兴趣，立志从事金融投资事业；19岁，成功跨入北美金融投资业，成为基金经理，获得为不列颠哥伦比亚大学操纵和管理300多万美元（相当于2000多万元人民币），在国际市场上进行投资的机会；20岁，进入加拿大资产跃居第二的道明银行，成为该银行资产管理公司董事副总裁的暑期投资助手；21岁，就任道明银行证券公司的暑期分析师；22岁大学毕业时，受聘于道明银行总部，成为投资银行家；23岁，参与并承担了道明银行以85亿美元成功收购美国本部著名商业银行CBH等多起公司收购案。

她，充分展示自己的性格魅力，坚信"能力决定职场生存"和"诚信是一种境界"；她，玩物而不丧志，努力寻求生活中的美；她，从警语名言和世界名著中领悟人生与社会；她，在打工中体会生活中的艰辛，从失误中找回自信；她，多次来到多伦多的贝尔街和纽约的华尔街，走访世界顶级的金融投资机构，拜会当今全球资本市场上叱咤风云的校友，成为华裔大学生中的佼佼者。

·地产经纪人

她是台湾人，20世纪80年代就来大温，含辛茹苦地独自把两个儿子带大。

她是地产经纪兼保险经纪，业务进行得顺风顺水。

一次，我女儿看上了住家附近的一处新房，她就是经纪人，带女儿去看房后婉言相劝：你买这套新房还不如继续住你自己的独立屋，新房做工比较粗糙，位置也不太好，十年以后新房的价值很可能还不如你们现有的房。怪了，买者上门，经纪人理应多多推销才是，可她，倒是充当了"拉后腿"的角色，主动将眼看要成交的单给搅黄了。我不由得对她的诚心产生了敬意。后来，她给女儿另外推荐了一套更有升值空间的独立屋。

她的大儿子从医，已成家立业。小儿子也已大学毕业，现为自由职业者，长头发，有点"嬉皮士"的感觉，在市中心租房住，有时到非洲去当义工。

她也该好好考虑自己的后半生了。前夫与她离婚后，她结识了一个德国男友，他经常来家里帮助料理草地，做些技术活和力气活。一次，她推荐女儿在白石镇买了一种男友家乡的蛋糕，底厚面香，又没有大温的蛋糕那么甜，口感不错，很受欢迎。

我衷心地祝愿她过好甜蜜的下半生。

· 汉扬的舞台

这是一个由上海女和台湾男组成的家庭。

20世纪90年代，一个台湾农民来到上海，看上了这个"千金大小姐"，于是，他们结婚了。显然，这是中国改革开放的产物。前些年，他们与儿子一起来到大温，现在，儿子已在美国上大学。

韩老师爱好文艺，尤其擅长舞蹈的教学。她有扎实的专业功底，丰富的教学经验，独具特色的舞蹈编排和选曲。她组建的北美汉扬艺术文化中心成立于2011年，该中心以"健康、快乐、自信"为宗旨，以服务社区、弘扬中国文化为己任，为在多元文化的国度里弘扬中国文化而自豪。2013年，中心从素里市百余家文艺团体中脱颖而出，荣登加拿大《太阳报》和卑诗省报的头版头条，至今已参加30多场演出。

老杨，来大温后把自己独立屋的前前后后都变成了瓜菜飘香的生态园。紫色的茄子攀藤而挂，红、黄两色的西红柿既可当水果又可做蔬菜。黄瓜长得很快，两三天就可摘下一堆。红、黄、绿的辣椒特别吸人眼球。长扁豆高高地挂在藤蔓上。圆白菜和上海青也是高产户，一收就是一大堆。他还专门从上海崇明引进了金瓜，切开后可将其肉刮出丝状，拌上酱麻油味道上佳，自家两口子吃不了那么多新鲜蔬果，他就经常送给亲朋好友。

他是个爱妻的丈夫，她工作忙，厨房的活由他包了，每天换着口味用地道的中餐将她照顾得光彩照人、风韵依旧。他与菜园须臾不可分离，只要有时间多半在菜园里转悠，农活，也是干不完的！他吃素，每天只要睡上4个小时就精神抖擞。

2015年10月26日晚，韩老师参与组织的2015年汉扬艺术舞台在贝尔演艺中心给观众们带来一场中西融合的文化盛宴。当全体演员谢幕时，晚会的主要组创人员也上台与观众见面。她容光焕发地走上舞台，这应该是对她多年来辛勤培育舞蹈人才的最好鼓励。

· 武汉籍夫妇

这是一对武汉籍的夫妻。

男为电脑工程师，在温哥华的公司里上班。开始，他每天清晨8点要送小女儿上学，又要赶337路公车，经常是匆匆忙忙。后来，他成了业务骨干，每周只需去公司一两次，其他时间可在家办公。

女为家庭主妇兼搞点会计与保险业务。两个女儿间隔十来岁，她整天也处于忙忙碌碌之中。

由于是邻居，我们与他们建立了"互助组"。我们在送两个外孙女时顺便带上他们的二女儿，而他们在送宝贝女儿参加演讲、学跳舞时，也帮我们带上大外孙女，这样，大家都可以减少接送的次数。

为了两个女儿，夫妇俩可真没有少操心。大女儿从小喜欢数学，成绩特别优秀，这来自他们教女儿的方法得当。在学校上数学课以前，大女儿就先预习数学课本，这样上课时主动、自信多了。在高中的最后两年，大女儿到白石读书，每天要往返接送两次，每次开车得三四十分钟。母亲毫无怨言地当起了车夫。每逢周五下午，小女儿要从素里到温哥华学琴。母亲先把车开到天车站停靠，然后乘天车再到学校，风雨无阻已坚持了几年。

功夫不负有心人。2015年暑期有好消息传来，他们的大女儿考上了美国加州理工大学，读工程类，还获得了丰厚的奖学金。在大学，一年总费用约需6.3万美元，得奖学金5.2万美元，自家只需付1.1万美元。我们都为他们高兴。我上网一查，美国加州理工大学在全球大学中排名第五，在创新能力方面首屈一指，殊为难得。

天媛（艾米）与子盈（杰茜）

　　天媛与子盈是我的两个外孙女。当年举家迁往温哥华时，天媛4岁，子盈1岁。身在异国他乡就入乡随俗取了洋名，天媛的英文名为艾米，意为亲爱的、宝贵的；而子盈则有了一个叫杰茜的洋名，意为高贵的。从两人的取名就可得知，她们的父母是将二女贵为富养的。

　　我们到大温与女儿全家团聚的那一年，天媛6岁，子盈3岁，正是"三岁定八十"的时候，给我留下了难忘的点点滴滴。

外孙女张天媛

在中国年轻的家长中有一句流传甚广的话——不要让孩子输在起跑线上。如果将其理解为让孩子从小内修为人之德品、外习琴棋书画之才艺，为德智体美劳的全面发展打下良好的基础，这句话无疑是正确的。但是，如果在孩子的童年时期就让他们的双肩背上沉重的书包，名目繁多的兴趣班和辅导班将孩子压得喘不过气来，过早地失去了童真和天真，那么，就不能说这是父母对孩子的最好培养。他们的父母确确实实在姐妹俩的身上花费了很大的心血。

新学期开始了！

·爱心，从小开始培养

我们到达机场那天，女儿和女婿带着两个外孙女车接。艾米看到分别已有8个月之久的外婆，边喊着外婆边扑向外婆。毕竟，从艾米出生的第三天起，外婆就与其朝夕相处，一起度过了一千多个日日夜夜，小时候连睡觉都与外婆同床；杰茜见状，赶紧跑到我的身边，拉起我的手。隔代，不管是在国内还是国外总是亲啊。

吃完午饭，姐妹俩高兴极了，在我们的床上又是唱又是跳又是翻跟斗。每晚洗好澡后，她们俩总要在我们的床上运动一番。

外孙女就读的私立学校

与女儿和外孙女在公园赏枫，三代人沐浴在樱花和红枫之中

姐妹俩喜欢看中央电视台的《健康之路》和北京电视台的《养生堂》节目，艾米喜欢主持人悦悦，杰茜喜欢主持人刘瑾，有时又喜欢冀玉华，于是，只要是悦悦出场，艾米就高兴，如果刘瑾出场，当然是杰茜鼓掌啦。

遇到我们的生日，艾米必定要准备礼物。她爱画画，分别在我们生日时送上她的画作，画上除了签上 AMY 的大名外，还要加上一句 "I love you"（我爱你）或 "we are family"（我们是一家人）。那年7月遇上她妈妈的生日，艾米给妈妈送了一顶小红帽，切蛋糕时她又边弹钢琴边唱《祝你生日快乐》。

刚开始时，艾米不喜欢我接送她上学，因为父母送有车坐，我接送则要靠"11路车"，慢慢地，我给她讲步行对身体的好处，再加上受到《健康之路》和《养生堂》的熏陶，她开始喜欢和我一起步行往返学校了。

那天中午艾米问妈妈：我什么时候才能挣到100元去支援非洲小朋友呢？妈妈说，你帮做家务事就可以挣到钱。于是，她给妹妹喂饭、饭后帮端盘子到厨房、用吸尘器扫地、到草地上忙乎……不久，她给肯尼亚的小学捐了102加元。学校为了让学生体会肯尼亚儿童每天要步行很长时间才能到达学校的艰辛，组织学生们到森林公园徒步5公里。有了切身体验，学生捐款的积极性更高了。

悠然自得

眉飞色舞

笑靥如花

8月份，艾米参加夏令营，学校组织捐袜子。艾米掏出几双自己从未穿过的崭新的袜子放进捐物箱，在大温，这类捐献是不记名也是不计数的。

· 让孩子的童年"有文化"

与许多子女年幼时来大温的家长一样，我们不担心她们学不好英语，倒是有点担忧身在异国疏远了中文。应该说，学中文是华裔家长对子女的必推科目。我们深知长辈的教育不容忽视，而且我们比她们的父母更有时间。

一些欧美国家是很重视孩子的从小阅读的，德国政府就分别在孩子1岁、3岁和6岁时为他们免费发放阅读礼包，他们认为，1岁读书不算早，从小阅读可以受益一生。有专家也曾在报上撰文，认为"1岁是孩子开始学习说话、词汇量迅速扩大的年龄，阅读绘本图书、家长为孩子朗读等辅助手段将大大提高孩子的语言能力、想象力和创造力"。

学校有中文班，这是必须报的。除此以外，我们还通过读诗猜谜等来增加她们接触和阅读中文的机会。

那一天，我拿出唐诗《风》给姐妹俩背诵。"解落三秋叶，能开二月花。过江千尺浪，入竹万杆斜"，很快，艾米就已记住并能背诵，杰茜坐下才几分钟就跑了。我觉得背诗能一举两得，既教了外孙女的中文，也锻炼了自己的记忆力。

当然，对于有趣味的儿歌，杰茜也还是很有兴趣的。那天，后院的草地上长出绿茵茵的一大片，可惜其中有不少不是草，而是蒲公英，有的长得比大菠菜还厉害。我带着两个"小帮手"一棵一棵地挖，还唱起了《蒲公英》儿歌："蒲公英，

开黄花，花儿落了把伞打。小白伞，长长吧，风儿一次上天啦。落到哪里哪安家，明年春天又开花。"艾米高兴地说，中午可以给垃圾箱加点好饭好菜。草地上的蒲公英虽然令人讨厌，但蒲公英却是一种很好的药材，它含有维生素，有清热解毒的作用，可以治疗肝热、疔毒疮肿和多种感染、化脓性疾病。姐妹俩内热致脸上、身上有疮肿时，我就屋前屋后到处挖蒲公英，果然有效。

杰茜喜欢念上海方言的儿歌，有空时，往往会主动对我说：外公，我们一起读《笃笃笃，卖糖粥》。所谓《笃笃笃，卖糖粥》是指她们来大温之前，我在上海南京东路的一商场书摊上发现的一本上海弄堂童谣，共记载了整整100首。弄堂童谣曾经是上海石库门外一道亮丽的风景线，寄托着上海几代人儿时的美好回忆。弄堂文化满足了孩子们活泼天真的童趣，也激发了儿童及少儿工作者的创作才能。这些弄堂童谣，有的谐音押韵，读来朗朗上口；有的则结合游戏，动则富有童趣。念了几遍以后，杰茜很快记住了内容，于是，我们又一起用上海方言来读："笃笃笃，卖糖粥，三斤胡桃四斤壳，吃侬个肉，还侬个壳，张家老伯伯勒拉哦？勒拉嗨。问侬讨只小花狗。侬来捡一只，汪、汪、汪！""老伯伯"中的"伯伯"二字，杰茜还学会把嘴唇抿起发出"叭叭"的声音。

　　姐妹俩都喜欢和我一起念《嗳唷哇》的童谣，因为它可以边说边做动作："嗳唷哇，做啥啦？蚊子叮我呀！快点上来呀！上来做啥啦？上来白相啦！"姐妹俩将两个小手叠起，食指和拇指轻轻捏住对方的手背，两手相互交替进行，边念边移动，越做越高兴。她们还特别喜欢《小竹笋》这一类的儿歌，常常要我和她们一起念，看看谁念得快记得牢——"小竹笋呀土里埋，你的力气哪里来，石头再重土再硬，你能站起把头抬，小竹笋呀真可爱，圆圆身体尖脑袋，等到春雨哗哗下，你比我们长得快"。小孩喜欢的儿歌是因为它形象生动，念起来朗朗上口能读后不忘。

　　她们还喜欢猜谜语。有时全家乘车外出，妈妈开车，姐妹俩就和外婆在后座你一言我一语地猜起谜语来。有这么一则谜语："小小一片云，在你头上蹲。默默送阴凉，阳光顿时逊。"艾米一下子就猜出了谜底——遮阳帽。还有一则谜底为"玉米"的谜语，杰茜也很喜欢："一物生得真奇怪，腰里长出胡子来。拔掉胡子剥开看，露出牙齿一排排。"杰茜笑着说："我们家里自己种的玉米就是这样'牙

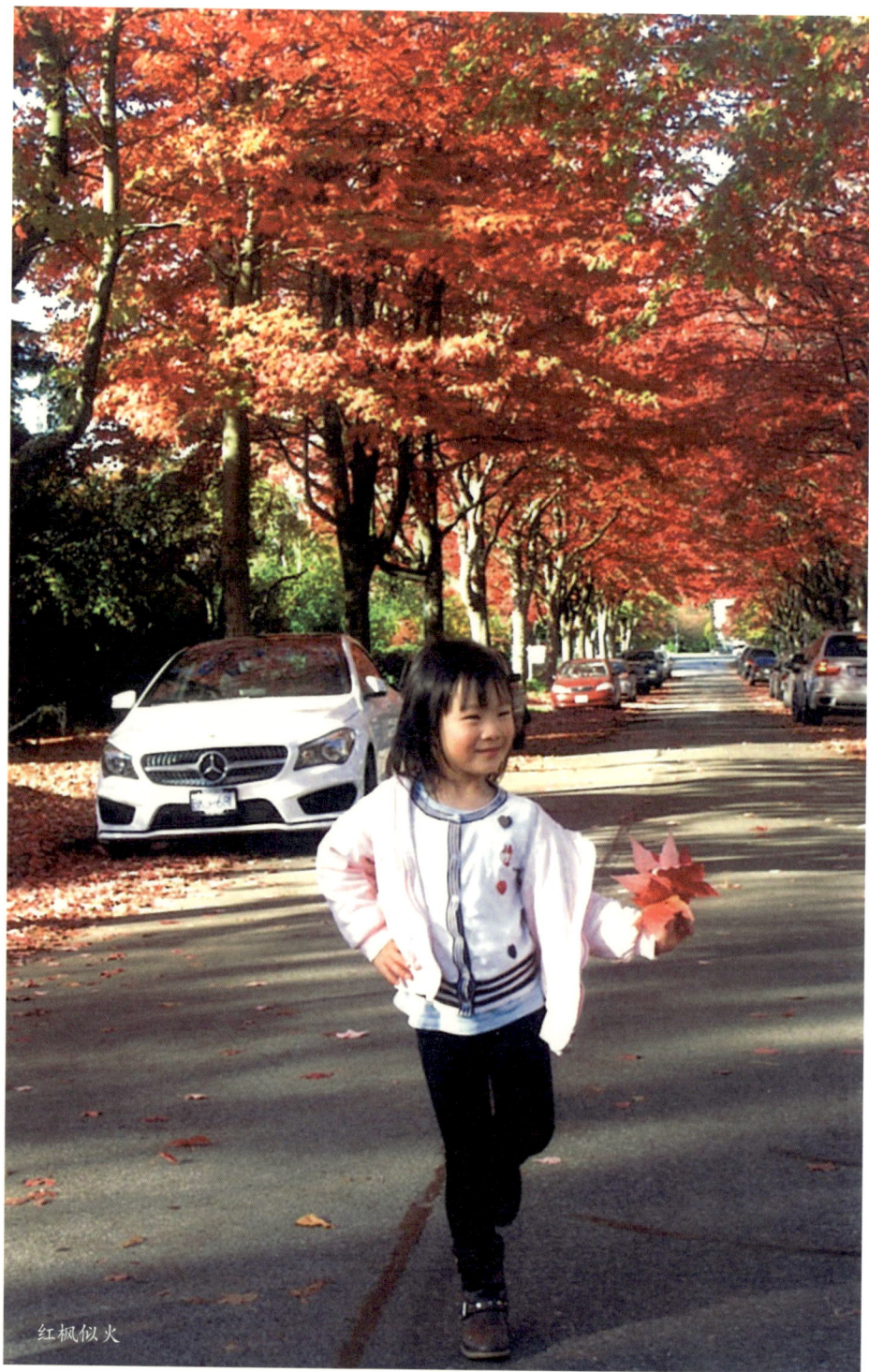

红枫似火

齿一排排的'。"

多读诗歌、童谣，经常猜猜谜语，确实有利于小朋友的智力开发。一位心理学家说过，教育孩子没有公认的一定之规，这与家庭传承的文化和习惯、社会风气、父母自身修养、孩子个性、家庭亲密度等都有关系。

4岁时，杰茜久不久就会从嘴里蹦出"小心翼翼""乱七八糟"等成语。有次我说到"亚麻籽"，她马上脱口而出："亚麻籽、奇亚籽，它们都是好孩子。"还有一次吃晚饭时，她从喉咙里又蹦出一句："外婆做的菜真好吃，外公做的饭真香。"我喜欢看书报，她有时提醒我："不要看报纸、电脑太多，要不眼睛又要动手术啦！"2013年，我的左眼因青光眼动了手术，原本我们第一次在大温团聚的时间应是2013年6月，因故只能改至2014年2月，整整推迟了8个月之久。

学校有中文班，艾米自然是常客。回家后有中文作业，这是我经常要过问的。2013年，艾米得了品学兼优奖；2014年，她段考得98+10分，我不解其意去问老师，原来，难度往往就在"+10"里面。

学习中文与英文可以互相促进、融会贯通。艾米喜欢阅读英语的课外书籍，老师则因材施书，学校向阅读能力强的学生推荐一些稍厚的书。她有时几乎到了啃书的地步——每一两天就看完一本书。不到4个月，她的小本子上密密麻麻地记上了超过100本的课外阅读书籍的书名。学生阅读超过百书学校有奖励——自己可以选个小玩具。

· "寓学于乐" 正当时

为了"寓学于乐"，孩子的父母可真没有少费心，不少活动必须车送车接。

小学二年级时，艾米的书包仍然很轻，除了铅笔盒、午餐盒和水杯以外，有时就是一本课外阅读书，这样的"减负"为学生参加各种自己有兴趣的活动创造了条件。华裔家长一般都会给孩子们选择一些文体项目，使他们"寓学于乐"。

艾米一周的业余时间很充实，学游泳、溜冰、打篮球、学钢琴、练舞蹈、学画画；双休日在溜冰场、游泳馆里也时常看到不少西方人带着孩子前来练习，更多的是把它当作技能训练，欧美人还讲究提高孩子的演讲能力，于是艾米每周也参加一次演讲训练，这在国内似乎还比较缺乏。

在北美汉扬艺术文化中心第三届年度会演中，艾米得到一枚"最佳表演奖"

的奖牌，她高兴地把奖牌放在客厅的醒目之处。该中心在素里市百家文艺团体中脱颖而出，曾荣登《太阳报》和卑诗省报的头版头条，于是，红歌嘹亮、梁祝缠绵、高原天路、月色荷塘在北美大地上流传。一番东韵起，轻移舞徜徉，艾米参演了《咏鹅》《喜迎春》《剪花花》《数蛤蟆》等舞蹈的演出。姐妹俩都喜欢《咏鹅》的舞蹈，这是根据唐诗《鹅》改编的："鹅鹅鹅，曲项向天歌。白毛浮绿水，红掌拨清波。"姐姐做了榜样，妹妹跟着效仿，在家里，杰茜常常会拿起一个"话筒"自己报幕："妈妈说，我出生在中国，不能忘了中文，现在，我给大家跳一段舞蹈——'鹅、鹅、鹅'。"

早 操

姐妹俩有时干脆一起表演，真像是两只潇洒的天鹅在清澈的河水中"曲项向天歌"。

北美汉扬艺术文化中心一年有好几次演出任务，如素里多元文化节、"欢乐中秋 相聚菲河"中秋文艺晚会，有时一天还要转场两次。妹妹过了4岁，经常也与姐姐一起参加各种演出。

艾米在上海时就喜欢画画，来温后通过学习又有长进。她画的《三只小猪》在学校上墙展览；她自己创作了春夏秋冬四季画，把温哥华的四季美景搬上了画页；她画的铅笔画《猫》栩栩如生，连小猫的根根胡子、眉毛都刻画得清晰逼真。

姐姐喜欢弹钢琴。我看到一则发表在美国刊物上的文章称："弹钢琴或会演奏弦乐器的孩子在语言能力上的得分比不学乐器的孩子高出15%。"这说明，文体技能与语言能力也是相通的。现在，妹妹也步起了姐姐的后尘，杰茜弹钢琴也是有模有样的了。

时至12月中旬，姐妹俩所在的班分别举行了汇报演出。经过老师的辛勤努力，杰茜能在老师的带领下熟练地用动作完成演出；艾米参加了学校的小学生汇报演出，在颇有音乐天资的老师指挥下，艾米和同学们一起参加了大合唱。气势磅礴的合唱，来自五湖四海的学生的云集，一出多元文化的演出传递了童真，家长们不断地用掌声对老师的辛勤耕耘表示衷心的感谢。

合家欢

城 市 文 化
Urban Culture

温哥华博物馆

温哥华博物馆是加拿大最大的市立博物馆，坐落在市区以南的凡尼尔公园里，英吉利湾的南岸，馆内展示了卑诗省的历史、温哥华早期的艺术作品以及早期城镇的相片和考古资料等。

博物馆的外形像一只太空飞碟，有人认为，这种圆锥形的屋顶设计的灵感来自原住民编制的竹帽造型；入口喷泉处有一座巨大的钢质螃蟹雕像，就像是海口的守护神，为的是守护住温哥华的城市精神。原住民文化是唯一植根于本土的文化，在多元文化中占有重要一席。

如果以传统博物馆的标准来衡量，这里算不上特别出色，但是简单的物品聚集起来，犹如把观众送进一条时光隧道，形成一股巨大的力量，让观众见证了温哥华的成长——从100多年以前的筚路蓝缕到如今的欣欣向荣。

在这里，可以看到第一次世界大战期间加拿大从埃及弄来的木乃伊，这是馆内最悠久的藏品。除此之外，还有几十年前移民家庭使用的行李箱、记录了旧时人们情感交流的发黄的明信片、华人前辈准备开门营业的洗衣房、20世纪60年代青年一代集会的照片等，都能使观众追寻城市的足迹，寻找历史发展的轨迹。

除了基本陈列以外，还有以温哥华的各个侧面为主题的特别展览，使观众们不断地丰富着对温哥华的历史记忆。2009年，博物馆为市民举办了一个纪念斯坦利公园建园120周年的展览——"斯坦利公园非比寻常的历史"。

城市地标图腾柱

　　图腾柱是北美西部太平洋沿岸的印第安部落特有的文化形式，它由整根的巨柏树干制作而成，上面刻有动物、神兽和人形。它们矗立在土著原住民的村落、路边、森林和海岸边，往往更多地出现在印第安部落中地位较高的人的家门前，以此代表着身份和社会地位。印第安人会用那怪异的雕像和神秘的符号来纪念某些临时发生事件，表达自己的情感。整根柱子浓墨重彩，增添了庄重严肃的气氛，给人以强烈的视觉冲击和心灵震撼，是象征着某个部落集团出生、家族谱系、传统地位、世袭权利的综合体。

　　印第安人的图腾柱不仅是一种独特的室外装饰艺术品，而且有着极为丰富的文化内涵。印第安文化中大量的历史人物、传说故事、家族的重要事件以及人们的喜怒哀乐等情感通过各种拙朴

作者在斯坦利公园的图腾柱园区留影

和生动的人形、动物凝聚在一根木桩上，成为
一座木头的纪念碑。这种图腾柱表达了对文化
的自豪、对艺术的赞美、对英雄的崇敬、对成
功的骄傲和对大自然的热爱。还有另一种具有
独特"纪念"功能的图腾柱，包括房柱、墓柱、
纪念柱、欢迎柱、耻辱柱、嘲笑柱等。在印第
安文化里，对诸如凶杀、偷盗、争执、欠债等
可耻和不光彩的行为，往往通过暗示和隐晦的
方式表达自己的愤怒和不满。在"羞耻柱"上，
人物或动物的鼻子和耳朵常常被涂成红色，表
示羞愧和愤慨。

在温哥华，有位名叫克拉伦斯·米尔斯
的艺术家，有着一半的印第安海达族的血
统，他的作品享誉美洲，他的图腾杆一米可卖
6000~10000美元的高价，他的"雷鸟"图腾柱
卖出3.6万美元。

在著名的斯坦利公园里，有设计精美、雕
刻拙朴、色彩鲜明、文化气息浓厚的图腾柱园
区，是已在加拿大居住6000多年的印第安人古
老文化的历史遗产。这些图腾柱建于1886年，
当时的政府向印第安人永久租借了这块土地，
至今印第安人仍拥有这个公园的产权。图腾柱
不仅是印第安人文化艺术的体现，是北美大陆
西北海岸图腾文化的一个缩影，也为斯坦利公
园增添了历史景观，为人们了解印第安人原住
民的珍贵文化遗产提供了观摩的样本。矗立在
斯坦利公园的五根图腾柱都为夸夸卡瓦族的图
腾艺术家刻制，足见其图腾文化在北美印第安
人部族中的地位。其中，有雷鸟屋内图腾柱；
有艾伦尼尔图腾柱，是该公园内唯一由女性雕

刻家制作的图腾柱；有瓦卡斯图腾柱；有海滩早餐图腾柱和奥斯卡图腾柱，其中奥斯卡图腾柱高4.5米，是斯坦利公园中最矮小的图腾柱之一。

卡普兰奴自然风光公园拥有百年历史，陈列着20世纪30年代收集的25个高大的柏木印第安图腾柱，其中最著名的是乌鸦与酋长图腾柱，讲述了一个古老的神话：很久很久以前，一个邪恶的酋长把太阳藏进盒子里，不让其他人见到阳光，寒冷与饥饿威胁到人类和动物。聪明的乌鸦看穿了酋长的诡计，于是乌鸦把自己变成了一根细小的松针，掉进酋长女儿所喝之水。酋长女儿喝下松针后生下后代，其实那是人形的乌鸦。乌鸦要酋长把藏太阳的盒子给它玩耍，于是它放出了太阳，让世间重见光明。在这根图腾柱上，乌鸦的形象英俊、睿智，而酋长却是愚昧、邪恶，反映了丰富的民俗文化。

在不列颠哥伦比亚大学的人类学博物馆里，收藏着全世界最丰富的印第安图腾柱，它是印第安人突出的文化认同符号，也是加拿大和温哥华宝贵的历史文化遗产。图腾柱上有各种自然和超自然现象，它们相互缠绕交织，可以找寻到厚重的民族文化的根脉。

机场是窗口，当然是让旅客通过图腾柱来了解温哥华文化的好地方。机场内有一根三层楼高、雕刻精美的印第安图腾柱，醒目地傲立在候机厅的终端，周边环形的通体玻璃大厅衬托出图腾柱的神圣气派。

在凡尼尔公园里，矗立着一根高达100英尺（30.5米）的图腾柱，是目前温哥华最高的图腾柱，展现着夸夸卡瓦库族图腾柱独特的文化内涵和艺术风格。

由此可见，像温哥华这样拥有如此精美、如此众多图腾柱的国际大都市在北美是独一无二的，图腾柱确实是温哥华的城市地标。

镇市之宝蒸汽钟

温哥华有一个地标性的蒸汽钟，位于温哥华最古老的街区——煤气镇，也叫加斯镇，因首任市长的绰号 Gassy 而得名。

说起蒸汽钟的来历有这么一段趣事：

当年的水街采用蒸汽集中供热，一条条供热管将中心锅炉产生的热蒸汽输送到各家各户。为了散去多余的蒸汽，人们不得不在街上开了3个散蒸汽口，其中一个恰好位于最繁华的水街路口，既不雅观也不方便。1854年，一个叫桑德斯的聪明人巧妙地利用这个散蒸汽口变废为宝，建成了这座当时世界上独一无二的蒸汽钟。

蒸汽钟奇特的构思和美观的外形吸引了世界各国，到19世纪末，全球竞相效仿建成的蒸汽钟多达百余座，"有煤气灯的地方就有蒸汽钟"一度传为佳话。后来，随着电气化时代的到来，世界各地的蒸汽钟开始从人们的视野中逐渐淡出，如今温哥华的蒸汽钟已成为全球仅存的一座了。

1977年，一名钟表师借鉴1875年的钟表样式建造了这座世界上首个以蒸汽为动力的时钟。大钟顶端有一大四小5个汽笛，每隔15分钟，伴随着顶部冒出的白色蒸汽，汽笛会合奏出动听的音乐，逢整点则会发出悦耳的音乐声。顶部，4朵铜制山茱萸花涂着珐琅，镀金的钟面在夜晚会发出夺目的光彩，吸引众多的游客驻足欣赏。

当然，钟表需要进行维护保养。由于蒸汽钟太受欢迎，为了不影响游客欣赏这件独特的工艺品，在维修期间，维修公司不得不选择在周一至周四施工，到周末则将护栏和所有施工设备全部拆除搬走，以免游客扫兴。

温哥华国际机场

　　温哥华国际机场一年起降30万架次飞机，运送旅客达1700万人次，是除多伦多机场以外全加拿大第二繁忙的机场。自2010年起，这个机场已连续五年被评为北美最佳机场，还曾被评为全球十佳机场之一。1968年，主航站楼完工，国内和国际航班互为一体又各自独立的航站楼格局逐步扩展而成。从上空俯瞰，航站楼就像是一个俯卧着的大鹏，而从航站楼里通往各飞机停靠点的航道则像是蜘蛛脚，通畅自如、运行有序。

作者在机场名品商场前留影

·北美最佳　全球十佳

这是被公认为世界上最容易到达的一个机场。不管是老人、盲人还是坐轮椅或推婴儿车的，都能很容易地在机场内走动。机场的大厅连接着捷运站，自推行李车或花钱找个行李车就可以到达出口。从这里到大温地区的各市一般都在半个小时的车程范围内，接机者也很方便。

机场的原住民雕塑

机场管理达到了国际先进水平，所有设施在设计时就做了充分的人性化考虑。机场的标示牌均由英文、法文和简体中文三种文字书写。路标都是便于识别的文字符号，使人一目了然。对于视力残障人员，候机楼里三种不同类型的地板形成的纹理可以作为引路，所有出口均用瓷砖或水磨石表示，大门用低阻力的地毯表示，其他类型的地板则表示为零售区域，旅客们很容易辨认自己所处的位置。为了方便转机的乘客，机场设置了高速行李运输带，转机者可在一个小时之内完成。护照自动识别机扩大到游轮码头。凡乘坐美国阿拉斯加游轮的旅客很容易办理船上的过关手续。

国际、国内的机场大楼是相通的，所有航站楼转机都可以步行到达。只要跟着指示牌走，十来分钟即可到达。除了加拿大航空以外，中国的航空公司占据着最多的柜台。这为当地创造了不少就业的机会。仅东航增加每天一班航班往返广州，就可增加450个就业岗位。

从一层的到达厅乘电动扶梯上到二楼的出发厅，会遇到一座青铜器的雕塑，雕塑家出自太平洋沿岸一个著名的印第安部落——海达部落。到达厅内则有两个巨大的木雕，这就是著名的图腾柱，上面雕有各种色彩斑斓的奇鸟怪兽，体现了加拿大包容的文化特性。

在出发大厅，中央大厅处理国际航班，东侧大厅受理飞往加拿大国内的各种航班，西侧大厅则受理飞往美国的航班。从这里飞往美国的航线和航班非常密集，

雕塑《同舟共济》

　　甚至超过加拿大国内的航班。前往美国的旅客换过登机牌后，经过由美国警察把守的海关就等于进入了美国的领土。也就是说，温哥华国际机场几乎有一半是属于美国领土。

·机场的守护神

　　为了适应整个机场的正常运转，目前已有2.4万名员工投入机场服务。除此以外，还有十几只猛禽和16名饲禽员，还有2条猎狗和1匹马，这要从机场的位置说起。

　　这里位于菲沙河口，到处是草地与沼泽，是鸟类特别是水鸟理想的栖息地。每到夏季，海鸟、蓝鹭、燕子、雪雁、野鸭、加拿大鹅和黑腹滨鹬等往往成为这里的常客；而到了冬天，加西海岸仍然比较暖和，也特别适合候鸟们到此过冬。随着全球气候变暖，鸟儿的繁殖期延长了，鸟儿的数量越来越多。往往事物总是利弊相存，鸟儿的天堂对保护野生动物是好事，却给机场的安全带来了较大的隐患。即使是一只不足25厘米的小鸟，如遇高速"撞机"就成了炸弹，足以打碎机舱玻璃或卷入飞机引擎。请看以下案例：

1960年，美国波士顿罗根国际机场。一架飞机起飞后不久就遇上鸟群，4个引擎有3个失效，飞机坠入波士顿湾，机上72名乘客中有62人罹难。

2009年，美国纽约拉瓜迪亚机场。一架A320机起飞后撞上加拿大雁，致使两次引擎失灵，飞机在哈德逊河上迫降。

据"鸟类的天堂"温哥华国际机场统计：2008年、2010年和2012年，鸟类撞机事件分别为157起、200起和238起，机场的一条跑道一度曾被迫关闭。

为了驱赶鸟类，机场试验了很多方法，如使用哨声、激光、丙烷炮和噪音烟火等，但聪明的鸟儿很快就适应了各种噪声，依然在"天堂"里自由自在。

于是，机场开始饲养并训练猛禽，饲禽员要与动物一起经受严寒酷暑和风吹日晒等种种考验，全天候地共同守护着1300公顷的空飞安全。一些女饲养员也与男饲养员一起每天与猛禽为伍，殊为难得。虽然有些哈里斯鹰和游隼暂时还不会抓捕那些试图闯入机场上空的鸟类，但它们足以吓跑那些企图侵犯"领空"者。

猛禽具有狩猎行为的本能，它们的适应能力很快，不需太多训练就能适应机场嘈杂的环境。它们学会了不仅适应自己的饲养员，而且也接受其他饲养员手中的食物。

除了猛禽，猎狗和马也各司其职，有的驱赶鸭鹅，有的追赶小鸟，这一切，都是为了守护机场领空的安全。也许，每天重复地从事这类工作会有点乏味，但是弗莱明女士却这样说："这是一份很棒的工作。不只是可以在这样美丽的地方行走，你还会觉得你正在做一件很有意义的事。"

第一桑那斯

　　位于阿布特斯街和奥克街、西16街和爱德华国王街之间有一个区域，叫第一桑那斯，是温哥华最美丽的居民区之一。这里有迷人的房子、华丽的花园和硕大的古树，各种风格的建筑鳞次栉比，如都铎复兴式英国乡村风格、新古典主义风格、荷兰殖民复兴风格等，很多建筑出自名家之手，被誉为19世纪风格的建筑博物馆。

　　这个位于温西的区域以各国的政要、富豪和世界级的明星住宅为主体，有英式、法式或是西班牙式，透着非同寻常的雍容华贵，是体现其主人身份的最好象征。

　　市政府的资料显示，区内有595幢建筑物，其中有315幢建成于1940年前，即使经历了一个多世纪的洗礼，至今仍保存得相对完整，散发着优雅与奢华的气息。一战前后是各种建筑风格复兴的时期，当时，温哥华的建筑师们给客户提供各种经典风格的选择，房主们也按自己的审美趣味选择了样式。

　　在第一桑那斯的几百栋房子中，都铎复兴式房屋占据了半壁江山，它从19世纪中叶到后期在英国兴起，后来影响到其他国家。这一样式房屋的标志是简单和乡村，有急坡的屋顶、高烟囱、高大有竖框的窗户、柱撑的门廊、用黑色木条装饰的外墙。罗马复兴式房屋象征着权力，而工艺美术风格则象征着对现代观点的包容。

　　在这里，各类精品商铺举步可达，屡获殊荣的高级餐厅和著名画廊均在不远之处，街角有弥漫着英、法风情的咖啡店，还有数十家设计师概念店；这里有各类体育俱乐部和高级私人会所，为住户们提供丰富的社交活动，便于人们陶冶情趣、拓展人脉；这里还是大温数一数二的学区，温哥华顶尖私校约克豪斯和小花学院都在这里，学生们从小即沉浸于这片精英式的培养环境之中。

　　建立桑那斯这一社区是加拿大太平洋铁路公司的一大手笔。1907年以前，温哥华的富人们大多住在温西靠海边的位置，随着城市和人口的发展，这个地方显得越来越拥挤，公司将桑那斯这一社区1500多亩的土地开发出来，满足了富豪们的需求。在这片盛产富豪的社区，一些老房子有着各种各样的故事。这里曾居住过当过市长的木材大亨、省报总编暨卑诗省督、将军和参议员。这里还安装了温哥华的第一部电梯。

　　第一桑那斯因其独特的历史价值和建筑艺术价值被保存下来。在100多年的时间里，老屋有改造也有破坏。随着近些年财富新贵投资该区房地产，大规模的拆屋行为愈演愈烈，老宅消失的数量与速度令人警觉与揪心。2015年9月29日，温哥华市议会就"第一桑那斯历史遗产保护区"的重新规划方案进行投票表决，以阻止越演越烈的拆除之风。至此，该地区建于1940年以前的老房子都成为"指定历史建筑"而禁止拆除。市长罗品信表示：第一桑那斯是温哥华最具历史价值的社区，温哥华是一座年轻的城市，对历史建筑的保护尤为重要。第一桑那斯成为温哥华市首个传统保护区后，将有助于历史保护与社区发展之间的平衡。

灵感之都 · 创新之都

　　温哥华在世界上的知名度颇高，这种知名度往往来自风景优美、适宜人居、多元文化等方面。其实，在这个大都市逗留时间长些，你还会发现它的其他优势，还可以给它戴上"灵感之都""创新之都"等桂冠。

　　TED 是科技、娱乐及设计的英文缩写，它是美国的一家私有牟利机构，该机构以它组织的 TED 大会（全球科技设计大会）而著称。大会的主旨是"用思想的力量来改变世界"，并获得"创意金杯"。TED 诞生于1984年，30年中一直以美国加利福尼亚州的长滩为基地，每年3月召开一次 TED 大会。会议组委会召集众多的科学、设计、文学、音乐等领域的杰出人物参会演讲，分享他们关于技术、社会和人的思考与探索。演讲嘉宾或是某一领域的佼佼者，或是某一新兴领域的开创人，或是做出了某些足以给社会带来改观的创举。因此，TED 是灵感和创意的孵化器，很多改变世界的创新成果都来自大会的演讲者。

　　从2005年起 TED 设立了大奖，每年有3个获奖人名额，获奖者除了每人得到10万美元的奖励以外，还有机会在 TED 大会公开阐述其愿景。

　　TED 大会是由许多商人参加的非商业性会议，吸引了达美航空、塔吉特、欧特克等一大批大牌的赞助商。从2014年起，大会决定另选会址。组委会派人考察了多个美国城市，特别是西岸的城市，最终决定离开美国前往温哥华。大会组委会考察后认为，温哥华是一个灵感之都，充满了活力、创新和都市感。TED 大会的总监安德森称："在温哥华，我们发现了一些元素的特别组合，该组合在其他任何地方都无法找到，令我们很兴奋。"他还指出，温市是一个奇妙的城市，可以体现出所有居民的价值观。在这座城市，人们能感受到积极乐观的态度以及为追求完美、革新及持续发展的不懈努力，充满动力且令人激动。业内人士认为，TED 大会落户温哥华意义深远，必将确立温哥华"创新之都"的地位，更带动温哥华以至于卑诗省的经济发展。

2014年的3月17日至21日，TED 大会在水滨之端的会展中心举行，这次大会确定的主题是"新篇章"。会场有1200个座位，开幕前所有门票被一扫而空。于是，大会通过各个渠道向公共场所直播，公众可免费观看。TED 大会演讲的特点是没有繁杂冗长的专业讲座，每位演讲者的发言时间控制在18分钟以内。演讲者开门见山，

外形像个熨斗的欧洲旅馆

温哥华美术馆

看法新颖，观点碰撞，在规定的时间里将自己对未来世界发展的奇思妙想和启迪智慧的思想火花呈现，再通过媒体传播至世界各地。

在这次会议上，未来学家尼古拉斯·尼葛洛庞蒂、科技设计师布兰·费伦、建筑师马克·库什纳、曾登上国际空间站的加拿大航天英雄克里斯·哈德菲乐德以及软件大王比尔·盖茨大妇等近70位名人进行演讲。

人们有理由相信，温哥华将掀起头脑风暴，温哥华一定会成为一个能激发人们创造性思维的城市，一个充满活力的灵感之都。

大温多元文化和谐并存的特色是培育灵感和创意的最佳土壤，恰恰是这种文化的多样性为之带来更多的创新与活力。

2014年，温哥华被美国著名的科技博客 Business Insider 网站评选为18个世界最具创意的城市之一。温哥华推行的"2020年全面建设成为全球最绿之都"获"广州国际城市创新奖"，它向世界证明：一个城市可以发展、繁荣，同时也可以成为绿色之都。

尽管温哥华拥有的大专院校的数量难以堪比欧洲的一些著名城市，但它拥有的大学在世界著名大学的排名中靠前。如不列颠哥伦比亚大学和西蒙弗雷塞大学等重点培养学生的独创与创新的思路与意识，多个大学都设有创意及设计专业。除了爱米莉艺术及设计大学以外，卡普兰奴大学电影艺术学院和西门菲沙大学的数码媒体等都培养了不少创新人才。爱米莉艺术及设计大学的毕业生目前的就业率超过92%，因为雇主更看重个人的灵感和新颖的思维。

温哥华是一座美丽的城市，也是注重个性化的城市。市中心的很多建筑就像是固体艺术在低声吟唱中的名曲，使人得到莫大的艺术享受，很难找出"双胞胎建筑"。

美国的金门大桥建好后不久就发生了堵车现象，当局开始筹集建设第二座金门大桥的资金，并为此征集设计方案。温哥华的一位年轻人提出：按不同时段的交通流量进行调整，由原有的"4+4"车道模式调整为"6+2"和"2+6"模式，因为上下班的车流在不同时段在相反的两个"半边"分布并不均匀。当局采纳了他的意见，结果，大桥塞车问题迎刃而解，年轻人为此获得1000万美元的奖金，因为他的"金点子"省去了再建金门二桥的上亿美元费用，同时也节约了公共资源。由此可见，年轻人的创新思维在关键时候可以发挥很好的作用。

此类"激励出点子"的事例不胜枚举。酒店电梯需检验房客的房卡才能启动，这一小改进既为居心叵测之人设置了难度，又提升了旅客对酒店的信任度。公共汽车上，为站立者提供的垂悬扶手会因车子晃动打痛或打伤乘客，有人提出建议，在无人使用时扶手会自动上翻，避免了可能出现的危险。

从2015年起，温哥华每年举办一次溢思得瑞创意大赛，评委团根据参赛项目的原创性、创新性、市场容量等标准进行评分，得分最高者可得到溢思得瑞创新创业集团提供的创业扶持基金，最高奖金额为5万加元。经过决赛，"信息安全创意"项目得到冠军。溢思得瑞创新创业集团的目标是：鼓励创新，融合各方资源，把所有有价值的创意变为现实，使比赛成为全球瞩目的创意来源。

这就是温哥华。这是一个青春洋溢着创意的城市，这也是科技遇到伯乐的城市。人们期待着：灵感之都汇聚智慧，创新之都光彩夺目。

生 活 文 化
Living Culture

"绿"哥华 · "雨"哥华 · "雾"哥华

· "绿"哥华

温哥华提出一个目标，到2020年要成为全球最绿城市。这就是说，温哥华要"绿"上加绿了。

确实，温市有一列风景如画的白雪皑皑的山脉，被水三面环抱，有200多个公园，完美地融合了农村与城市的风光。它之所以多次被评为世界上最适宜人类居住的城市，缘由之一就是温哥华实际上就是"绿"哥华。

到过温哥华的人似乎都有这样的体验：该城园林规划一流，绿树成荫、繁花似锦。春天，樱花、桃花、李花等纷至沓来，呈

春意盎然

现出多姿多彩的形状和色彩；夏天，充足的光照带来满目青翠的碧绿；秋天，黄叶满枝、枫叶火红；冬天，虽说每年会有几次降雪，但白雪皑皑往往掩盖不住绿色植物的顽强生命，白绿相间，具有一番别样的风情。在大温，各种姿态的树木比比皆是，修建有型的松树和整齐气派的树墙，形成一个名副其实的绿城。在绿色的海洋中行走，吮吸着大自然的精华，幸福感在市民的心中油然而生。

绿色建筑吸眼球

人们的生活品质如何，是否注重环保应是其中的重要因素。凡是负责任的开发商，都会自觉地把设计"绿色环保建筑"作为自己应尽的社会责任，力求使建筑设计更绿色、更环保、更优美、更舒适，而绿色招牌也往往可以给大楼的品质加分。

严格的法规、设计的超前是确保绿色的根本。温哥华市政府在绿色环保建筑规定上一直走在加拿大的前列，对于节水、节电、选材、设置绿色屋顶和绿墙以及推出 LEED 绿色建筑认证等方面都有明确的要求。

绿树成荫

静谧小公园

社区花园添绿意

到2012年6月，温哥华市已登记的社区花园达3700多个种植点，星罗棋布在城市的学校、医院和教堂的草坪及街心花园中。至2020年，种植点将增至5000个。这里的社区花园以人均面积广、形式多样而最具代表性。

社区花园的建设由委员会来推动。一批对社区绿化有兴趣的民众自发组织，身体力行，通过集体开会选举成立委员会，得到地方政府和园艺部门的支持。他们在实施社区评估和规划的基础上分工协作，通过降低碳排放量和保持水土来美化社区生态环境，通过种植瓜果蔬菜来获取食品，有的还能自给自足。通过产品交易来增加收入，通过互助合作来沟通联络感情，增进邻里关系，将社区打造成绿色和谐的家园。

大温居民的花园同样组成城市的一道优美的风景线。凡是居住在独立屋里的居民，都会拿出不少时间来打理自家的花园，这不仅是对自己物业的爱护，对社区和邻居的尊重，更是对大温美好环境的贡献。同样，它们也是绿色社区的一个不可缺少的组成部分。

绿色道路通健康

1928年，巴塞洛缪计划铺筑一条从斯坦利公园环绕福溪的不间断滨海林荫路。这种绿色道路，是政府为步行者和骑车者打造的公众车道，它们连接着公园、自然保护区、文化驿站、历史遗迹、各大街区和商业区。温哥华的绿色道路由城市步行道、海滨散步道、环境示范步道、遗迹漫步道和自然美景步道组成，它们为城市出游提供了不同的选择，也为都市游憩创造了更多机会，同时还提升了在自然、社区和城市中旅行的体验。

与加拿大的其他大城市相比，温哥华拥有最密集的自行车基础设施网络，有400多公里的自行车道。在这里，骑车已成为一种时尚的户外运动方式，一种休闲健身的工具，一种上下班的代步工具，每天骑车的人超过10万人次，市长罗品信就带头骑车上班。

据卑诗大学社区研究报告表明，52%的大温受访民众强烈表示：宁可住在一个房屋面积较小，但离工作地点、学校或其他日常必须去的地方仅5公里范围的街坊社区。大温地区近66%的城市居民和40%的郊区居民，强烈希望住在一个步行生活社区，这样就可以步行到商店、食品超市、绿化空间、社区中心和各种餐馆。

如何把适宜步行的邻舍和居民健康地连在一起，这是大温的城市规划者们努力思考的问题。"要步行，不要开车"，正逐步成为大温的市长和开发商逐步达成的共识。

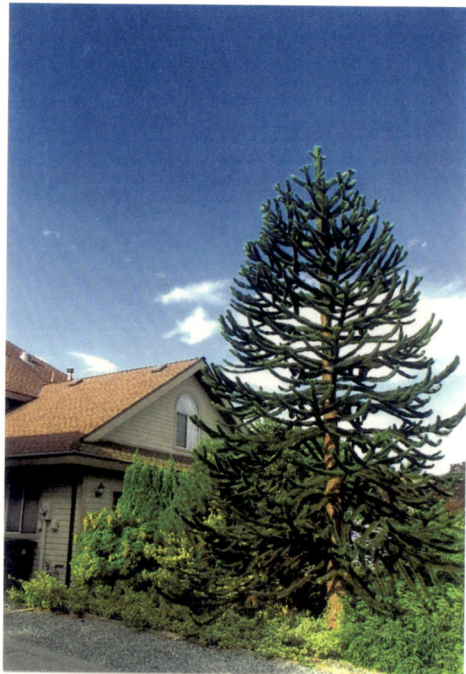

沐浴绿色

绿色空间增花草

凡是居住在独立屋的居民，都会考虑如何充分利用自己的阳台而使它成为一种立体而个性化十足的景观。于是，在大温地区，垂直园艺正在走俏。

这里欣赏垂吊栽植（即悬篮栽植）。有经验的住户会把自己住宅的墙、格栅、楼顶和篱笆大门等经辛勤的耕耘使之变成绿色的海洋。一些华裔居民会在自家的阳台、院子、小花园中开辟出各种草药的种植空间，草药虽貌不惊人，但在应对小痛小病方面可以发挥其特有的作用，既养眼又养生。

除了住家，在一些商业建筑中，设计师也千方百计地为增加绿化面积而绞尽脑汁。有一个温哥华最大的壁花基座就长达10米，可以种植16株植物。一些大规模的绿墙可以达到120米，不仅可以净化室内空气，而且可以调节温度和湿度。

· "雨"哥华

有一则谜语:"一片白线与天高,没有织机能织了。裁缝剪它剪不断,大风一吹就折腰。"谜底是:雨。这是大温多雨的真实写照。

说起温哥华的雨,先列表看看"雨"哥华的降雨量:

月份	平均降水量	平均降雨数
10月	120.8毫米	15.4天
11月	188.9毫米	19.9天
12月	161.9毫米	18.4天
1月	168.4毫米	18.4天
2月	104.6毫米	14.7天
3月	113.9毫米	17.5天

为此,有人夸张地说:温哥华一年只下一场雨,从头年10月下到来年4月;还有人说:温哥华的四季只有两季,即雨季和非雨季。

据此,有人提出疑问,不是说温哥华是最适宜人类居住的地方吗?其实,说温哥华很适宜人类居住,这是指总体而言,正因为有了温带海洋性气候带来的雨季,才有了润物细无声的充沛雨量,有了繁花似锦的植被,有了四季常青的草地和松柏。这里夏无酷暑,冬无严寒,的确很宜人。可见世上没有绝对之事,有时一绝对,事物往往会走向反面。

那么,"雨"哥华会给人带来什么呢?

一是出行不便;二是郁闷惆怅;三是闲时增加。在雨季,这里日短夜长,下午三四点就天黑,清晨七八点才天亮。这里曾是温带雨林,因而,它可以连着下个十天半个月,也可以从清晨下到深夜,有时温柔细语,有时又喧嚣暴烈,天的灰被雾的白所代替,树木也往往会氤氲在浓浓的雾气之中。

夜长不能仅靠睡眠来打发,因雨多而逃离温哥华的人毕竟不多,更多的人在实践中已经探索出应对雨都的好办法,变"雨"哥华为"乐"哥华,不妨可从以下几方面来着手:

诗意生活重养生。可通过抚琴习画、读书作文等怡情养性。如果时间充裕,你不妨研读一番《黄帝内经》或者《老老恒言》，会使你感觉到衣食住行皆可养生，行走坐卧均有学问。

用心品茶享安宁。无论中外，茶都是好东西。茶的故乡在中国，被誉为国饮；英国人认为，茶是健康之液、灵魂之饮；以浪漫闻名的法国人则把它看作是最温柔、最富有诗意的饮品。在漂浮的茶香中放空身心，或老乡雅聚，或家人齐酌，都是享受安宁的不错选择。比之咖啡，似乎华裔更欣赏饮茶。在大温，不少人爱喝茶，居然还形成了一些颇具规模的微信茶友圈。他们在微信中传播饮茶的知识，开设品茶的讲座，分享饮茶的韵味。喝茶本身就是品味人生，在回味人生中养生，这又是一种特殊的养生之道。

室内活动健身心。雨天，确实给室外活动带来很多不便，这样，由外转内就有了更多的选择。家居独立屋的人们大都有面积比较宽敞的地下室，用来做健身房或者活动室颇为合适。没有孩子拖累的成人可以静心练瑜伽或者打太极拳；需与孩子一起活动的则可以开展打乒乓球、跳绳、踢毽子、投圈、剪纸等活动。

户外运动强体魄。说是雨季，当然不是说这半年内的很多天都是从早下到晚，如见缝插针，还是可以找到一些缝隙时间有序地开展一些户外运动的。即使有点绵绵细雨，开展点小运动也无妨。因为生活不是缺少乐子，而是缺少发现。

· "雾"哥华

2015年的5—6月，大温地区破纪录地出现异常高温和干旱的天气。往年同期平均可有12天的雨期，至这年的6月，整月只录得零降雨量。给大温地区240多万人供水的3个水库的水位也大为下降，原本这段时间水库的存水量可达91%，至7月19日仅剩69%，为历史同期最低。

这是百年来最干旱的一个夏天。

于是，本来葱绿的一片片草地渐渐枯黄，失去了往常的活力与青春，与漂亮的独立屋很不匹配。政府发布了第二级别（黄色）的限水措施。至7月21日，大温地区的限水令不得不晋级到第三级别。

无独有偶。7月5日是星期天。上午，不少民众如同以往，准备在和暖的阳光中迎来一个美好的周末，然而，起床后闻到空气中弥漫着一种火炭烧焦的味道。打开窗户，本来蔚蓝色的天窗变成了一片土黄。太阳依然高挂天空，却缩小成一个诡异的橘色球体，就像是卤咸蛋黄。有时天色一片淡黄，俨如日落一样，能见度仅一两百米。这是因为，卑诗省内陆、离岛和本拿比市都出现了山火，是较长时间的高温燥热所致。山火浓烟产生的大量微粒在空气中积聚，再由逆向的强风将内陆的浓烟与灰尘微粒吹送到海岸，令大温天空中雾霾笼罩。从美国大空总署发布的一幅空照图显示：一大团浓浓的白雾把大温所在的卑诗省西南岸地区以及维多利亚岛的南端结结实实地包裹起来。

高温，山火肆虐，草地一片枯黄

此次烟雾蔓延的范围之广为加拿大历史上所罕见。大温的居民就在这样的穹顶下生活了整整一周。突如其来的雾霾使不少民众感受了几十年里从未有过的气候，有些人甚至连呼吸都感到困难。有人出现眼睛灼痛或喉咙不适的症状。一些家庭不得不放弃了原来郊游、垂钓、野营、玩游艇等打算。

火情就是命令！哈珀总理和简慧芝省长亲临现场视察。1400名消防员全力参与扑救山林的任务。省政府已向外省引进300名外援消防员协助，邻省安大略省的70名扑火消防员和澳洲的消防员也抵达卑诗省。省政府投巨资用于扑救火势，还征召扑救山火最优秀的武器——水弹机投入救火，这是世界上最大的空中灭火机。

终于熬过了一周。林火向政府敲响了警钟：在自然面前，如果你稍有疏忽，人民就会遭遇灾难。傍晚，粉红色的火烧云布满温哥华的天空，不少人欣喜地用相机或手机捕捉这喜人的美景。曾经历过雾霾弥漫的人们更珍惜这蓝天白云、绿树繁花和绝美的天象。人们希望：雾霾啊雾霾，你千万别再来大温！

大统华与 Costco（好市多）

　　我们从中国来到温哥华，基本在家里开伙，因而在饮食上并没有什么不适应之处。当然，前提是要有中餐必需的食物和配料。

　　大统华超级市场是加拿大最大的亚洲连锁超级市场，成立于1993年，22家超市分店横跨着加国的东西两岸，在全加拿大雇佣的员工已达4000多人。它有4处物流中心，3处都在大温地区，还有1处在多伦多。大统华将中国台湾的统一企业、美国的大华超市和一些加拿大的投资者合资经营，创办人是由中国台湾移居温哥华多年的商人罗昌珏女士和丈夫李安邦先生。

大统华超市

2月中旬，我们在当地时间9点30分到达温哥华国际机场，经过入关、车接，到温市的第一站就到大统华报到。可以说，在大温凡有华人聚居的地方都离不开大统华。

大统华以"顾客满意"为理念，以"新鲜"为最重要的价值观，用心于温馨亲切的服务和一次买齐的方便，为顾客提供新鲜肉食、生猛海鲜、时令蔬果、可口包点及各种配料，唤起了顾客对家乡的记忆，愉快地购买自己心仪的商品。

迎中秋

大统华里的日式食品

华裔的精神食粮

在国外，语言不通往往是老人最大的心理障碍，然而在大统华购物犹如在国内购物一样方便，因为店内的工作人员能用流利的普通话和粤语为你解答商品的有关问题，一蹴而就跨过了语言壁垒。

这里的肉食主要是猪、牛、羊等红肉，当然，也有"走地鸡"、鸭和鹅等白肉。作为海鲜产品，这里有产自阿拉斯加的皇帝蟹，有螃蟹、大龙虾、斑点虾，也有石斑鱼、三文鱼、鲍鱼、海螺等；除此以外，冰冻的东海大黄鱼、带鱼、鲳鱼、秋刀鱼等也吸引着"陆客"的眼球。

加拿大尽管处于北美的寒带地区，然而发达的交通、方便的物流使大统华不仅有苹果、梨子等寒温之果，火龙果、香蕉和菠萝等照样跻身在这里的时令鲜果之中。

大统华不仅是华人经常光顾的超市，实际上亚裔家庭也是这里的常客。在温哥华市，亚裔人口占43%，除华裔外，印度裔和菲律宾裔也不在少数。因而，专业自制、美味方便的食品也将促销的

Costco 仓储批发市场

目光对准着亚裔家庭。自家的统华小厨及面包坊用专业手艺精制亚洲美食和亚洲口味的面包糕点，在此处经常能见到日本寿司、越南春卷、印度抛饼和菲律宾食品。

节庆假日，这是商家不会放过的促销时机，因而，端午节、中秋节、春节等中华民族的节庆日里，特色商品会吸引华裔和部分亚裔的眼球。

促使我每周至少一次前往大统华的原因，除了满足舌尖上的美感以外，还有一个重要原因，就是这里还有华裔的精神食粮，而且可以免费享用，这是当地居民得天独厚的福气。大统华内有一处中文报刊的领用处，喜读报之人会定时定点前往领取，满载而归。这些报刊大多为周报，也有周二、周五出两期的，还有一周三期的。我最爱看的是《都市报》《环球华报》《加西周末》《温哥华周报》《高度》和《先枫》等。

Costco（好市多）是全球第一家会员制的仓储批发市场，是美国最大的连锁会员制仓储量贩店。目前，Costco 在全世界经营超过58家卖场，分布于8个国家，为超过6200万的会员提供最好的服务，致力于以可能的最低价格提供给会员高品质的品牌商品。

加拿大是 Costco 最大的海外市场。在大温地区，每个城市至少有一家分店。

从外观看，它们"长"得一模一样，而且连店内的摆设也是一个模子出来的。因为是仓储式，货物都是大包装，享有批发的优惠价格。店内统一制作的铁架有两三层楼高，特别坚固，不少商品都可以码放得很高。购物车也是"大个子"，座位上可以并排坐上两个小孩，家长省心不少。商场持续引进新的有特色的进口商品，还随时反映厂商降价或进口税率的降低以回馈给会员。逢双休日，有时连停车位都难以寻觅。

走进商场，吃的、用的、看的、玩的一应俱全。有各种肉类、蔬菜、乳制品、海鲜、烘焙食物、鲜花、服饰、书籍、家用电器、珠宝、酒类和家具等。外包装是清一色的纸箱，而不是易产生污染的塑胶袋。我们每一两周总要到此光顾一次，享受它的"新鲜"和"批发价"。

圣诞节，这是西方人一年中最为隆重的节日，和华人过春节一样，商场也会抓住这一商机大力促销。圣诞节是12月下旬，而一般9月、10月开始商场就会推出圣诞时令用品，吸引众多顾客及早前往采购，做足过节的准备。

在买单处，不用看推车的买单人是何族裔，只需看车上装的是什么大致就能分出一二。华裔以蔬菜、水果、奶制品和鱼类为主，而西方人则以各类生熟肉制品、奶类、面包、罐头食品和番茄、黄瓜等蔬果为主。

每到10月下旬，不少加拿大人会在自己的胸前佩戴一朵红色的罂粟花，这种活动会一直延续到11月11日的国殇日，这是为纪念在第一次世界大战、第二次世界大战和其他战争中牺牲的军人和平民而设立的纪念日，是全国的法定假日，借此表达崇敬和怀念之情。

那次我们又到Costco，时间是10月中旬，见商场门口站着两个胸前挂着军功勋章的老兵，脖子上挂着一个大纸盒，盒内盛放的是红色的罂粟花，花中有一个直径为7.62毫米的黑蕊，它代表着子弹穿过了阵亡将士的心脏，像一朵绽放的血花。箱内的罂粟花有塑质也有纸质，有怀念之心的人们或自行取花，同时在旁边的小盆中捐钱。我想，这一定是两位老兵在做捐钱的善事，因为戴花是一种光荣，也是纪念并资助战争英雄的象征。这使我想起了牺牲于一战战场的加拿大军医约翰·麦克雷的一首诗，这是他于1915年目睹了一位年轻战友牺牲前在一张碎纸片上写下的只有十几行字的诗歌，第一句就是："在法兰德斯战场，罂粟花随风飘荡。"

美食天堂

　　"民以食为天。"饮食，从来都是人类赖以生存的第一要素。开始为"安身立本，必资于食"，接着是需求更新，饱则求美。

　　温哥华地处太平洋西海岸，亚洲的食品很容易从海路或航路到达，人们来来往往也很方便。随着移民潮的涌入，移民们也对自己喜爱的美食进行"移食"。可以说，凡是人们知道的美食，都可在大温的餐馆中找到。一些新移民选择温哥华落脚自然有多种原因，其中之一就是不失去家乡地道的美味佳肴。温哥华早就被称为"北美食都"，2016年又被评为全球顶级的十个美食地之一。

皇帝蟹

·这里有最正宗的中国菜

品味中餐，可以是饕餮盛宴，也可以是家乡小菜，可谓挑肥拣瘦、丰俭由人。中式菜肴具有民族地域的特异性，极富各地民俗民风饮食文化的特色，东辣西酸、南甜北咸，各路厨师大显身手。各地的烹饪大菜就像是一朵朵艳丽盛开的食花，簇拥着繁花似锦的中国烹饪。

"田园东北人家"提供的是酱大骨、大拉皮、木须肉、炸茄盒、田园大盘鸡、小鸡炖蘑菇、酸菜白肉锅等，只识菜名就知道这是品尝东北菜"必须"的。

进入新疆饭店或北疆饭店，则可分享到来自乌鲁木齐的味道，这源于老板是维吾尔族人。这里可提供鸡肉拉条子、羊肉馅蒸饺、炒烤肉凉面、手抓饭、搓拉面和羊腰串等新疆风味食品。温哥华不产羊，听说羊肉还是从遥远的新西兰运来。

想要体会海派料理、品尝江浙名菜，可到"上海一只鼎""苏杭人家"或"沪上美食"。这里，有晶莹剔透的虾饺、味香软糯的肠粉、弹牙多汁的烧卖、金黄脆卜的春卷、油面筋嵌肉、红烧烤麸等家常小吃，也会勾起你的思乡心曲。这里的"东坡肉"色泽红亮，细皮嫩肉，味醇汁浓，酥烂而不碎，香糯而不腻。梅干菜扣肉则是浙江宁波的特色，芥菜抽了苔，就如拇指般粗细，顶带花蕾，形如秋菊，脆嫩味甘。至于松鼠石斑鱼、砂锅红汤鱼头等，更是给喜食鱼者带来福音之佳肴。

如要品尝经典川菜可到"蜀九香"或"老四川"。这里深谙"物无定味，适口者珍"的川菜精髓，把每一个熟悉的面孔都当成家人一样，把每一个陌生的目光都望成亲人模样。牛百叶可做馨溢神州的入汤原料，麻辣劲头十足，越涮越香，会使你忘了自己是在重庆、成都还是在温哥华。名菜樟茶鸭则以橡树叶和香茶叶这两种带有香气的原料经过受热半燃时所产生的烟味增加了鸭的香味，有细嫩味长之美，无肥腻平淡之弊，这是来自四川的"北京烤鸭"。

在中国的八大菜系中，我最喜爱的还是粤菜，源之它的"推崇清鲜"。丰富的食材加上烹饪技术，使经典粤菜在这里大放异彩。作为美国阿拉斯加的近邻，温哥华是"近水楼台先得蟹"，"皇帝蟹"名声在外。被称为"游水皇帝蟹潮流"先驱的新瑞华海鲜酒家，早在20多年以前就首创以活蟹代替冰鲜的阿拉斯加皇帝蟹，因为吃蟹志在尝鲜，故有"到温哥华一定要吃皇帝蟹，吃皇帝蟹一定要去新瑞华"一说。

"荔茸凤尾虾"同样是这里的招牌菜。为使龙虾不泻水和保持爽嫩，鲜活的龙虾制作前要先将其尿放净，然后用微量碱水腌一下，小窍门出了大味道，这里的虾外酥松内爽嫩，味鲜香形美观，给食客以深刻的印象。

· 各国美食争奇斗妍

温哥华本地历史悠久的乡土美食尽管不多，但是来自世界各地的各族裔带来了本国独特的美味。新鲜放心的食材和异国文化交汇融合，孕育出各种独具特色又包容创新的美食。

每年的五六月是卑诗省著名的斑点虾活跃的季节。野生的活斑点虾颜色棕红，尾部有白色斑点，头部有一些白色线条，成年斑点虾可长达23厘米，为世界闻名的虾中极品。在福溪渔人码头举行的斑点虾节上，温哥华的顶级厨师会表演拿手绝活。在顶级厨师的手中，斑点虾肉质紧实而富有弹性，味道鲜美，回头客越来越多，虾节上人腾虾越，好不热闹。

大温有一些老字号的西餐厅，用特别的配料腌制的炸鸡和烤鸡，香嫩入味，嫩滑爽口的3A级烤牛肉，还有火候均匀的烧全火腿，都可称上美味佳肴。热狗与汉堡是北美小吃的经典代表。各种热狗有独善其身、维系美式口味的；也有在酱料上大做文章，除传统的番茄酱和芥末酱以外，还加上苹果枫糖、蓝莓、红梅、桃子、菠萝等制成的天然酱料，让普通热狗多了一份与众不同的味道。除了中餐，在大温的食府，真正名声大振的恐怕还在于法国、意大利、日本等欧亚美食。

想要体会法式美食的情调吗？请到法式餐厅。

法国菜是西餐中最知名的菜系，除了对食物讲究色、香、味以外，还特别追

求进餐时的情调，比如精美的餐具、幽幽的烛光和典雅的环境。它注重于突出食物的原味，任何调味料、配菜甚至于搭配的酒，目的只有一个，即把主要食材的

原味衬托出来，这叫作抓主要矛盾。有些法国餐厅，比如位于温哥华基斯兰奴的吕米埃餐厅，在温哥华乃至全加拿大都有很高的知名度，要提前预订才有座位。鹅肝和吞拿鱼番茄粒等都是法餐中最有名的开胃前食，叫作冷头盘。上菜之前会有面包上来，食客讲究"吃一口掰一口"，临吃前在小块面包上抹上黄油。接着是美味的汤类，有鲜美的海鲜汤、浓浓的肉汤和清淡的蔬菜汤。主菜为热头盘，有肉类、有海鲜。用黑松露酱汁拌的牛肉料理，有着华丽的口感；蜗牛大餐加工精细，烹调考究。头盘以后有甜点，我最欣赏的是焦糖布丁。布丁上面是一层硬硬的薄薄的焦糖，下面奶油和蛋做成，给人以香滑的口感。

想要感受意大利美食的休闲吗？可以到名流光顾的意式餐厅，也可以到百姓中意的意大利小馆。

意大利人对于美食文化和烹调技艺已累积了几千年的经验，就连著名的法国大餐究其源泉，也还来自意大利美食，因为意大利才是欧洲大陆烹饪的始祖。

小馆中的开胃菜炸鱿鱼，外壳酥脆香口，内里的鱿鱼软嫩爽口，加上西西里岛番茄酱和蒜泥蛋黄酱，意式风味十足。在意大利美食的氛围中烘托出每一道海鲜菜都很有特色。在辛辛那提餐厅，招牌菜是桤木熏生鲑鱼比萨，伴随着淡淡的桤木清香，鲑鱼肉质细腻，宛如凝脂，再加上美味的比萨，餐后使人难以忘怀。难怪一些好莱坞的明星也时常是这里的座上客。香香甜甜的瑞可塔奶酪加上杏仁和碎巧克力，注入香脆的油炸卷里，咬上一口既香浓又酥脆，就连《教父》里的黑手党老大也曾是它的忠实粉丝。

想要品味日本菜的精细吗？请到日本料理。

箱式鳗鱼卷是日式名小吃。将鳗鱼卷压成箱形，上面点缀一小片墨西哥红辣椒，再铺上三文鱼、鱿鱼、北极贝、牛油果、萝卜丝、青菜、豆苗等，卷内还有牛蒡和生山药，既养生又独具日本风味，不仅色泽靓丽，而且口感清爽；红辣椒是点睛之笔，使食客的视觉和味觉都为之惊艳。芥末八爪鱼是送啤酒的极佳之菜。此菜选用鲜度极高的生八爪鱼和清脆爽口的山蜇菜，配以精制的芥末精华液精心调制而成。有伴碟的配菜和装饰，再加上切成薄片的八爪鱼，气味芳香清爽，汁液沾滑纯粹，风味鲜美独特。日本料理中最有名的就是日本寿司。有人说，吃了温哥华的日本寿司，多伦多的寿司就不算啥了。以牛油果和蟹肉为主要食材的叫加利福尼亚卷；米饭上铺有甜虾、三文鱼和扇贝的，又是一个新组合。在亚洲往往看似高大上的日本寿司，到了温哥华很多成了物美价廉的快餐，受人欢迎的秘诀就在于食材的新鲜。

·品味美食不仅是一种舌尖上的享受，更是一种文化

比萨的意大利语是 Pizza，意思是"放上不同食材、番茄和奶酪烘烤而成的饼"。那不勒斯风味比萨是一款经典比萨，有一个有趣的传说：19世纪末，一位有名的比萨厨师为萨瓦国的玛格丽特王后烹制了三种不同风味的比萨，王后最喜欢的是以意大利国旗为灵感的作品。它的传统工艺是将马苏里拉奶酪、番茄酱和罗勒放在手工甩成的薄饼上，用烤热的石头或烤炉烤熟。出炉的比萨呈现出绿、白、红三色交相辉映，这正好就是意大利国旗的颜色。日前，已有第29家特许经营比萨店在加拿大开业，该品牌在卑诗省已有6家分店。

生在新疆的主厨小瑾擅长秘制牛肉干。她选用本地上好的牛腿肉，利用外公祖传的采用20多种调料秘制酱料，经过腌制、蒸、煮、晾、烘烤等工序，制作的牛肉干麻辣适中，香辣可口，口感软硬适度，越嚼越香。薇薇制作的樱花蛋糕也很有特色。她选用温哥华早春的樱花花蕾，用盐将其腌制晾干，这种盐渍樱花加入舒芙蕾蛋糕卷，成为视觉和味蕾的盛宴，颜值高、味道好。当你与家人或朋友切下一片片樱花蛋糕卷，品着精美瓷器里的迷人红茶香气时，可以细细地品味那红莓夹心与奶酪夹馅的水乳交融。也许，此时窗外的樱花早已零落成泥碾作尘，但是却依然香如故，因为，你口中的樱花正用那淡淡的幽香在默默地抚慰着你，不要去叹息美好的转瞬即逝，还是把春天的美丽定格在自己的记忆中吧。

在卑诗体育馆附近新开了一家地道的都柏林风情酒吧，名叫"都柏林大门"，把浓郁的爱尔兰风情带到了温哥华。进入大门，你顿时会有一种置身于爱尔兰的感觉。这里，不仅有欧洲小酒馆风格的吧台桌椅，还有都柏林酒吧里的小型包厢，采用全包或半围的设计，增加了私密性。墙壁的高处绘出了爱尔兰的街道风情，由红、绿、蓝、灰的小房间鳞次栉比组成，酒吧吧台后的古朴挂钟和酒柜，专程在爱尔兰拆开后抵温哥华组装完成，装饰的古董是设计师太太在英国和爱尔兰挑选运来的。

温哥华市中心有一家原住民餐厅。除了一位合伙人以外，餐厅老板和所有员工都是卑诗省的原住民。餐厅的徽标是一条有趣的三文鱼。餐厅内有挂画、木雕、独木舟等反映原住民生活场景的装饰品，使用原住民特有的食材调料，用现代烹饪的方法将三文鱼呈现在食客面前。让客人们既能品尝到原住民的风味，又能大

致了解一些原住民的过去。

按说，制作纯正的西点欧美人应占上风，然而温哥华制作法式牛角包的冠军却来自中国山东的一名女性。她的作品是：浓郁的奶油香气和筋道的面粉充分地糅合在一起，酥酥的外皮被烘烤出深深的棕色，这种美丽的视觉已经令人垂涎欲滴。尽管外皮香酥，面包内部却依然保持着湿润松软和面粉的筋道与韧性。再配上一杯香浓的咖啡或中国名茶，使自己溶化在袅袅的清香和悠扬的音乐中，真是难得的享受。这位美丽而智慧的华裔女性所制作的橘子柠檬挞也很有特色：精致而细腻的设计师功底体现出食材天然的品位和娇柔的外形，没有不少甜点常见的夸张外形和油腻感；清香的橘子气息从嗅觉到味觉都在柔化着食客的心，柠檬酸恰到好处地中和了甜点的甜度，就连那些对甜点不感兴趣的食客也禁不住来品味一番。

浙菜是中国八大菜系之一，俗称本帮菜的上海菜是基于江浙两省餐饮文化提炼出的精华而成，是江南地区汉族传统饮食文化的一个重要流源和主要地方风味菜之一，在中国饮食文化上占有一席之地。于2015年底刚开业的源·上海馔坊餐厅，有着浓郁、精致的老上海文化氛围，装修格调和古董摆件都以重现当年老上海的风韵为参照，老式留声机、人力车、鸟笼等都完好地保存下来，在异国他乡的新餐厅里继续着它们的新传奇。分别以玉宝和、一家春、老大房、鲜得来、百乐门和金玉满堂命名的六个包间，每一个都隐含着当年老上海的一段故事。餐厅的灵魂人物——大厨是有着上海锦江集团背景的厨师，他的作品突显了淡雅爽口、咸淡适中、保持原味、醇厚鲜美的特色。为体现东方女性温文委婉、娇媚知性的神韵，这里还长期举办旗袍佳丽的摄影活动，让食客在享用美味上海菜的同时，增加一道养眼的视觉飨宴。凡穿旗袍前来餐厅用餐的女士，都会得到精美的礼物，使餐厅成为当地多元文化与美食相结合的靓丽风景。

好酒配佳肴犹如好马配好鞍。品味好酒是鼻息、口腔和味蕾的极佳享受，它会使你酒情丰裕、余韵不绝。看到阮公子在品芝华士威士忌酒后的"试酒笔记"，摘录于此，应该是本文的最好结尾：

"只要将杯凑近鼻子，便会被浓郁的香气扣住心神。徊荡的蜜露香气和焦糖的气息飘送至鼻孔与口腔时，座间不少朋友都情不自禁'唔'地叹息一下。浅尝之，在舌末间流传的是巧克力和云尼拿的艳浓，隐约透来八角与果脯的芳情。如糖浆的甘露中，是丝绒般柔软的微妙韵致，绵绵不绝！"

三文鱼洄游的启示

　　加拿大的秋天有两种迷人的秋红，一是红枫的层林尽染，二是三文鱼的生殖洄游。

　　三文鱼，学名"鲑鱼"，因其身上有脂肪形成的多条大理石纹而得名。所谓三文鱼洄游，是指每年秋季成千上万条三文鱼为了产卵，为了后代，奋不顾身地在太平洋的河口集聚，顺着河口逆流而上，洄游到"故乡"上游产卵，四年一个周期，循环往复，生生不息。据说，当今世界上只有加拿大、美国的阿拉斯加以及北欧的挪威、冰岛等地可以观赏到这种三文鱼洄游的奇观。

　　20世纪中叶，由于威化溪流域的树林遭到大量的砍伐，引起该溪流和撒克威溪的洪水剧增，这对三文鱼的繁殖带来很大的影响。急流冲蚀着河床碎石，致使大量鱼卵或是死亡，或是遗失，减少了能成长的鱼数，洄游到威化溪的三文鱼数量大为减少。于是，政府于1965年投资修建了一条近3公里长的三文鱼产卵水道，底部铺上河床碎石，两边的斜坡又用较大的石头筑成。这条水道用人工的方式延长了威化溪，使更多的三文鱼可以洄游到这里自然产卵。当三文鱼卵在碎石中孵化时，产卵水道就能保持清洁和稳定的流水，不受冬季溪中的洪水影响。半个多世纪以来的实践说明，威化溪产卵水道是成功的，大大优化了三文鱼的产卵环境和提高了成活率。现在，这里生产的三文鱼是没有产卵水道时的

200倍以上。据统计，从1965年到2009年，这条水道共孵化出13亿条红鲑、1.2亿条狗鲑及2350万条粉鲑鱼苗，由此游回大海，这是对大自然和人类做出的一大贡献。威化溪产卵水道也成为观赏三文鱼洄游产卵奇景的最佳地点之一。

中午时分，我们来到了观察点，只见一条"之"字形弯曲的浅水河道展现在眼前。河两岸是高大的树木，因已入秋，绿叶开始变黄变红，岸上的草地也呈现出绿中透黄的美景。

我们来到威化溪产卵水道的交接处，只见右前方是一条20米宽的威化溪，河床深、水量大，水流很急。左前方溪流的转弯处设有开放的闸门，向上分多级水梯连接产卵水道。水道有10余米宽，"之"字形迂回曲折地向上游伸展。这里的河床浅，水流急，水道的间隔设有6个专属的水坝，为的是增加水中的含氧量，以增强三文鱼的活力。水坝中部设有洞口，三文鱼可由此从洞下向上穿过；有些身强力壮的三文鱼则从坝下向上一跃而过；有时几条三文鱼活蹦乱跳地如鲤鱼跳龙门般同时起跳；还有不少三文鱼从坝面跃上，有的被水冲下坝后再次起跳，终于跃过。三文鱼上到一级溪道后，就成群结队地逆流而上，来到另一个水坝又重复跳跃，就像是跨栏运动员一样，非常艰难地完成过五关斩六将的壮举，很是壮观。这时，有的三文鱼被撞得头破血流，有的则是遍体鳞伤；最后三文鱼鱼群来到一段溪面较为宽敞、水深又流速慢的产卵水道，自由自在地漫游在溪水中，一雌一雄成双成对，享受着男欢女爱的最后时刻。这些产完卵的三文鱼已经耗尽了储备许久的脂肪和能量，鱼头开始变绿，鱼身慢慢变红进而结束它的一生，鱼尸每天都会从水道中捞出，埋在威化溪上游的岸边。在秋冬季节，鱼卵开始慢慢地发育；到了春天，它们会孵化出鱼苗，这些鱼苗藏在碎石间，不会受到鸟兽掠食的威胁。每年3—5月，这些鱼苗就从产卵水道的碎石间游出，不久即离开水道，向下游迁徙至菲沙河口，开始在海水中的新生活。

都说"水至清则无鱼"，这在野生环境中是真理，但人工水道可不一样，因为产卵水道要求有稳定的流水和清洁的碎石。

为了完成繁育下一代的任务，三文鱼奋不顾身，克服重重艰难险阻去完成自己的历史使命，留传下最优秀的基因，使得三文鱼洄游的精彩故事代代传颂，促使我们更多地来思考三文鱼精神，不妨做以下概括。

·矢志不移、不屈不挠的精神

千百年来，三文鱼的族群不惜千里迢迢，历经千难万险，纵然是沉戟沉沙、喂食禽兽、百不存一，仍然矢志不移、不屈不挠地游上回归出生地的不归之路。它们在产下后代后长眠于河底，用生命践行了族群的生命之道，演绎出最富有生命色彩的红色鱼游回归的壮丽奇景，这种精神是何等感人！

·不辱使命、甘愿玉碎的精神

在漫长的时间长河中，千百年来三文鱼从未改变它铭刻在生命本质中的使命。无论是从太平洋还是大西洋启程，无论是回归美洲、欧洲还是亚洲，无论一路旅程是几百公里还是几千公里，无论是遇到湍急溪湾还是悬流瀑布，无论是遇到凶恶的鲨鱼、灰熊的吞噬还是奸诈的秃鹰、水獭的掠食，三文鱼的精英部队呵，只要生命不息就要洄游不止。尽管它们都深深地懂得自己的结局只有一个：在圆满完成生命循环、耗尽自己的全部生命后长眠于河底。然而，它们毅然决然地游过浅滩、冲过激流、跃过堤坝、闯过掠食，穿行在产卵后刚刚死去的同伴的身边，犹如浴火后的凤凰展现出自己生命中最绚丽的色彩。它们深深地懂得，捐献自己的躯体，是为了开启新一轮的生命循环。作家三毛曾经说过："如果选择自己结束生命的这条路，你们也要想得明白，因为在我，那将是一个更幸福的归宿。"三文鱼似乎读懂了三毛的这段话，成为她的知音，并用实际行动在实践她的诺言。这就是崇高的使命，这就是三文鱼带给现代人的心灵震撼！

·循道自然、回归社会的精神

"人法地、地法天、天法道、道法自然。"2500年前的圣人之言道出了生命族群的生存之道。造物主既把三文鱼的鲜美肉身供奉给人们享用，更把蕴藏在壮观洄游奇景背后的自然之道奉献给人类。

在大自然的生态系统中，三文鱼是一种基础性食物，提供了各种食物链的环节，对于诸如秃鹰、飞禽、黑熊、水獭等肉食性动物而言，三文鱼是极佳的肉食；当三文鱼产卵、繁衍后在海底死亡时留下的遗骸或者任"自然生态工程师"美食一餐后遗弃在深山老林中，最后会将三文鱼残留的各种营养元素彻底归还给大自然，使之成为绿色森林和蓝色海洋中不可或缺的进补环节。

这使我想到了人类。

一个人来到大千世界周游一圈后理应回到原点。我认为，逝者应遵守两条准则：一是死人不与活人争地，二是死人不给活人留下麻烦，为此最好的办法或是让骨灰重回大地，变成树木的养分；或是将骨灰撒入海洋，使之成为浮游生物的食料。三文鱼尚且如此，人类更应成为自然界生态系统的基石。

独立屋饰物记趣

　　大温有不少独立屋，有的高贵典雅，有的质朴简约，有豪宅，有民居。在一些独立屋里居住的业主具有较高的艺术修养，他们把自己的艺术追求化为住家门前的饰物，匠心独运，精心组合，使之成为别样的路边风景。

　　如果你仅仅把目光盯住那些耀眼的豪宅和漂亮的民居，那么，你可能不会在意那些"小东西"；但是如果你有充裕的时间，把你的目光移向那些宅前路边，你就会发现，这些饰物中同样蕴含着多元文化，既有明显的地域特色，又有浓郁的异国风情，用心欣赏，也是难得的艺术享受。

日月神

这些饰物大体可以分为以下类型：

第一，人物雕塑。

这种雕塑以少女、儿童、卡通人物、圣经人物和神像等为主体，组成了一个多姿多彩的世界。

这些少女往往长有天使的翅膀，拥有姣好的身材，手执陶罐或蚌壳，在红花绿叶的映衬下，或飘飘欲仙，或青春奔放。我曾在不同的季节拍摄了同一个少女雕塑，显露出两种不同的氛围：一是眉清目秀，脚踩绿色的草地略有所思；二是迎着晨光，肩披一条由蓝色的英语字母组成的飘带，身后有红花点缀，面容略带调皮。显然，那条飘带起了画龙点睛的作用，表现出主人新的思考。尽管少女那正在发育的胸脯部分遮盖，但是她那种对幸福的渴望似乎表现得更为强烈。

儿童当然也是雕塑的主角，因为他们天真、趣味，充满着幻想。在饰物中，有的插上翅膀，屁股却在镂空的石球上，成为小天使；有的头戴礼帽，手执浅水壶，正待给红花奉献甘露；有的手执小号，眼睛微闭，正沉浸在音乐的陶醉之中；有的开着摩托车，准备带小松鼠一起去遛弯。还有一些人数较多的饰物：有仰望天空的，有侧头微睡的；那两个小男孩正窃窃私语，身旁吊笼里的两只黄雀似乎正聆听他们的心声。

还有一些卡通人物。年长的，或捧书本或执路灯，还有开拖拉机的，他们的身后，则有红花绿叶陪伴。年幼的男孩和女孩或一起遥望天窗，或刷墙、浇水、松土；有意思的是，不少人手里还执牌 "WELCOME"（欢迎）。

第二，动物雕塑。

它们大都形象逼真、栩栩如生。老鹰展翅、大象踱步、奶牛静卧、乌龟蹒跚、

松鼠直立、小狗看字、兔子嚼草、小猪静身、青蛙开车、天鹅羞涩、刺猬开口；狮子滚起了绣球，章鱼正在作神机妙算，公鸡与花猫、鸭子为伍，一只大狗嘴里吊起竹篮，篮中居然还有三只可爱的小狗。看到这些乖巧可爱的动物，谁又能说，它们不也是这些独立屋的主人？

第三，其他造型。

屋檐下吊着的大红灯笼明显地告诉人们：主人来自中国。一架直升机的模型高矗在围墙上方，它的发动机就是风车，飞机会随着风向的变化而移动方位。大门上悬挂着的花环、风铃和圆球，还有红色的纸花和紫色的葡萄，显示出屋主的修养。塑料小屋和手推小车尽管是儿童的玩具，安放于宅前屋后客观上也起着饰物的作用。树杈上吊着美丽的花篮，这在大温并不少见，可以美化环境，提高品位。有些户主在独立屋旁还设计了一些园林小景，有风车、有水车、有怪石、有鲜花，水流潺潺、花卉芬芳，真是一个个动静结合的佳作。

第四，混搭造型。

可以是人与动物的混搭，也可以是人与植物的混搭，还有动物与植物的混搭，往往蕴含着业主的审美观念和良好愿景。通过种种混搭，人与动物在美好的世界中和谐相处，动物与植物更加鲜活。

一卡通老人骑在安卧着的蜗牛身上招手致意，身旁陪伴着一个比他的体格更为健硕的大鹅。天真的小女孩怀里抱着心爱的小狗，她的膝下还有黑、白、黄三只小狗正在翘首相望。头戴草帽的小男孩怀里抱着的篮子里装的都是

小鸭子，而他的身边又有几只牛高马大的大鹅，数目对视，亲切而又率真。还有一个小男孩更有趣，正手执提桶倒水给浣熊洗澡，它告诉人们：尽管弱肉强食是动物的本性，但只要善于保护环境，留足动物的食物链，人与动物是可以和谐相处于同一个蓝天下的。

在大温，人与花的混搭可说是司空见惯，虽然有时只是信手拈来，但这些点睛之笔往往也会增加美感。少女手执的花篮中可放一束黄玫瑰少男手捧的藤篮、花盆中出现了芬芳郁目的月季花卉。两个少男少女你挑我扛地正在劳动，而他们的前面，有雨伞可以遮挡风雨，有红花绿草美化环境。一个正在脚踩自行车的顽童呈腾云驾雾之状，而人与车的下边却是一盆长条的红花。

动物与花卉为伍，同样可以起到不经意的作用。一黄色青蛙的身后用绿树作为靠山；一直立高矗的小公鸡，胸口有花形的风车转动，爪上的向日葵正把目光引向东方；两只眼球骨碌转动的猫头鹰正注视着眼皮下的红黄郁金香；那亭亭玉立的仙鹤，与蓝色的绣球花共舞；一对蝴蝶与绿叶在花秆上互动，似乎使人想起那支久违了的流行歌曲——《两只蝴蝶》："亲爱的你慢慢飞，小心前面带刺的玫瑰；亲爱的你张张嘴，风中花香会让你沉醉；亲爱的你跟我飞，穿过丛林去看小溪水；亲爱的来跳个舞，爱的春天不会有天黑……"

绣 球 花

绣球花，又名粉团、八仙花、紫阳花、草绣球等，分布于亚洲、北美和欧洲的英国、法国和荷兰等国。此花是一种能长出硕大而艳丽花簇的观赏性灌木，夏季开花，一般为白色、粉红、淡紫、蓝色，成球形伞房花序，喜温暖湿润的沃土。

老实说，在国内时，我并未对此花引起过特别的注意，可一到温哥华，却使我对它情有独钟。那么，是什么使我对它一见钟情又甘于为它著文呢？

一是花型丰满美丽，令人赏心悦目。

每到六七月是绣球花盛开之时，这时，五颜六色、花团锦簇的绣球花在大温地区依偎盛开，大朵的花散发着清香，沁人肺腑，给人一种非常舒坦的感觉。仲夏之际，高温会使花儿加快褪色，不少花朵不是疲态毕露就是全然凋谢，然而这里的绣球花却顶着夏日欣然盛开，为人们带来了秀色和凉意。王国清先生为此写下了《咏绣球花》一诗："立身墙角意轻松，雨雪风霜春夏冬。不羡他花颜色好，团团簇簇自葱茏。"

二是种类名目繁多，使人怡神惬意。

绣球花与这里的多种族裔一样，来自四面八方，见过的有：

东陵八仙花。祖宗在中国东陵。说起东陵八仙花还有这么一段趣闻：相传在当年"八仙过海"前，八仙们围着八仙桌野餐。何仙姑见此地山清水秀景色如画，就撒下了仙花种子。第二年，在八仙山九山顶地区开遍了八色鲜花，人们便称它为八仙花。至于此花是如何远涉重洋来到枫叶之国的尚待考证。

  圆锥绣球花。产自美国东部。此花花色美、花期长，适合于在宽敞的庭院中种植，常用扦插、分株、压条和嫁接来繁殖。有人把温良高贵的"大班"和清丽沉静的"淡绿聚光"绝配在一起，由于两者株型相同、花期重叠、同开同谢，彼此起到很好的衬托作用，更觉美上加美。

  法国绣球花。有柔美的粉色、浓烈的绯红和纯洁的乳白，曾为约瑟芬皇后的至爱。被称为法国一代"嫽斯女神"的约瑟芬为法国拿破仑的第一任妻子、法兰西帝国的第一位皇后，是一位娇柔、纯洁和善良的女性，与拿破仑曾爱得缠绵痴情，演出过一场惊天地泣鬼神的爱情悲剧。她对时尚独特的见地和对潮流的另类认识开创了一个时代的传奇。

  三是种植因地制宜，应用比较广泛。

  该花可种植于门前屋后、天井一角、花园小径、林荫山坡、公园园林和花篱花境，也可以盆栽以美化阳台和窗口。若成片栽植，会形成壮观的景象。在颜色搭配方面，无论是多种色彩的混搭还是单一色彩的应用，或是与其他花材的综合设计均很相宜。由于此花的花形好、个体大小适中，可栽于家庭院落，也可以在婚礼上由新娘手捧以增加喜庆。若将花球悬挂于床帐之内，会使人更觉雅趣。

  四是色彩由人调制，堪称魔术变幻。

绣球花在花期中颜色会发生多种变化。北美圆锥绣球花的大班花期可从仲夏延续到晚秋，尖锥形的花序呈现出蕾丝状，花色从乳白逐渐转为深粉色，越开越美，这在植物世界里堪称难得的品质。在温哥华，有的绣球花的花期可以长达四五个月。种花人犹如魔术师，花的颜色可由人随喜调制。为什么该花似变色花呢？原来，绣球花的花色主要是受土壤酸碱度的影响。酸性的土花呈蓝色，碱性的土花为红色；若要成深蓝色，可以在花蕾形成期使用硫酸铝；为保持粉红色，可在土壤中使用石灰。

五是花语世界丰富，使人温馨暖心。

对于绣球花的花语有多种表达，常见的有：

忠贞与永恒。可登婚礼大雅之堂的绣球花，当然蕴含着对爱情的忠贞与两情相悦的永恒。《西游记》中唐僧的父亲陈光蕊中状元后跨马夸衔，正赶上殷小姐抛绣球招亲。绣球正巧投入陈状元怀里，缔结了一段郎才女貌的美好姻缘。于是，有作者以诗赋之："花如笑靥盈春色，戴露迎风院里开。未许寻常携入室，含羞长恋状元怀。"

团聚与美满。此花白花成朵、团扶如球，众花怒放时如同雪花压树，象征着亲人之间割不断的亲情。无论分开多久，也不论离别多远，终究会重新团圆和相

聚。

期待与希望。绣球花每到冬季时要控制水分，以保证植株安然度过冬眠期；还要准备新的盆栽，以便在春季时换盆种植。冬去春来时，粉红色的花蕾和白色的花朵开始绽现。这使人想起著名诗人雪莱的名句"冬天来了，春天还会远吗？"

尽管绣球花的花语有多种说法，然而我最喜欢的是这样的表述："蓝色的天，白色的云；蓝色的海，白色的屋子……爱琴海纯净得就像少女的心，轻轻的吻就能让爱意无限弥漫开来。"

正因为绣球花有如此花语，赢得了文人墨客的赞誉，出现了一些新诗和旧体诗词，信手拈来的是：

署名为"青江红日"的先生对绣球花进行了如此这般的赞美：

夏树团花悄玉煌，飞来蝴蝶慕枝央。

风亲雪貌犹银月，雨吻胭妆晕紫阳。

狮戏双腾欢舞跃，妹痴一掷爱寻郎。

清幽为我江南松，何羡丹妃在豫香。

新诗有新诗的清纯，旧体诗词也有其独特的魅力。以下两词分别署名为"老鹤"和"cha li Y"所作。一篇为《七绝·咏绣球花》："碎玉摇光紫艳明，浓香祭月冷华清。芳心万片玲珑醉，粉蝶一枝绿绮清"。另一篇是《临江仙·咏绣球花》："绿叶满枝风悄悄，无情摇落残红。庭园春日一场梦。群芳寻彩蝶，百鸟舞熏风。满院夏光争暇日，绣球蜷伏深丛。春心何事悔清衷？一树蓬勃意，你我尽朦胧。"

2015年7月，英国版的时尚杂志上刊载了这么一张照片，使我过目难忘：一艘载有各式绣球花的小船缓缓驶来。船上坐着一个美少女，含苞欲放、春情萌动的少女若有所思，与那画面上蓝、紫、白、青、粉红的绣球花朵一样，生动满溢，使人浮想联翩……

郊游两章

在加拿大的领土中，超过一半的为森林、林地和树木覆盖的地区所占有，很少有国家拥有像加拿大这样多样化又极具诱惑力的户外活动场所。在卑诗省，就有近400个省级公园和5个国家级公园，拥有美丽的高山、森林、湖泊与河流，吸引着大量的游客。

·野 营

为了这次大自然野营，女儿可是没少操心，准备了一周的时间，又是借帐篷、折叠椅，又是买气垫床，找了三家帮忙才把需要的东西凑齐。

爱丽丝湖公园

（一）

　　我们中午时分出发，途经北温和西温，汽车沿着海天公路行走，景色不错。盛夏时分，远山略有残雪，在阳光的折射下海面呈现出翡翠绿、宝蓝和淡灰三种颜色。不到一个半小时，我们就来到爱丽丝湖省立公园27号营地，由于早已预订，前面的客人已于11点前离开。

我们的营地

彩灯与房车

　　公园内的管理不错，花100加元能住上两个晚上，在指定的区域内可搭帐篷，还有停车区，配置了固定的桌椅。有人顺势用大蚊帐在桌椅外搭起纱帐篷，就成了一个临时的小餐厅。这里有电有水、有厕所和洁净的洗浴房，办票时工作人员提醒，晚上食物不能"露营"，不然，黑熊可能会登门拜访。

　　首先是造窝。我们自己动手搭起2个帐篷，自己给床垫充气，忙活了一个多小时，建起了临时的家。吃完简便的午餐，我们循着地图到湖边去看风景。

　　爱丽丝湖被群山环绕，坦罗斯山脉的斯夸米什河都是它的好邻居。在美丽的湖光山色中人们举行各种各样的活动：有的游泳，有的划船，有的打水仗，有的玩水球。孩子们喜欢在湖边玩沙子、堆房子。穿着泳衣的少妇抱着孩子在湖边闲聊，也有拿起一个大球与孩子在水中追逐。一些身材姣好的女子着"三点式"在湖中玩耍，既是游泳，也是秀身材。有的父女、母子俩双双在充气船上挥动双桨。年轻的妈妈蹲在湖边，欣喜地看着自己的孩子在沙滩上蹒跚学步。还有一些大船，可乘四五人在船上划桨，他们身着的各式彩衣为湖面带来斑斓多姿的色彩。女婿和

2个外甥女拿出自己的船，加入水面上欢乐的行列，迎面吹来了凉爽的风。

傍晚，落日挤进密林。一些中老年人饭后开始在森林中散步，家长们早已把童车带入林中，儿童们你追我赶，从一个营地骑到另一个营地，好不欢喜。我拿出相机，追踪着孩子们活蹦乱跳的身影。只见一个女孩身手矫健，一圈又一圈地在我们的营地附近转圈，转眼间，在她的身后又出现了3个女孩和男孩。我笑嘻嘻地问她：可以照相吗？她停下身子嫣然一笑，还专门摆了个造型，我赶紧按下快门，一个清纯、美丽而又可爱的金发女孩进入我的存储卡。

这里树高林密，尽管是大晴天，到晚上9点多天也就黑了。隔壁营地的帐篷外升起了跳动着的篝火，这里在指定的地点使用指定的燃料可以生火。我看到他们一家四口围坐在篝火旁，欢乐的笑声不时随风飘来。

天黑后无事可做，我们早早进入了帐篷。嗨，第一次用睡袋的充气垫，有点冷还有些腰酸背痛，睡在气垫床上毕竟没有"席梦思"那么舒服，人呢有时也会自找苦吃，为的是实现自己真正与大自然的亲密接触，做到天、地、人的合一。今天是农历六月初五，月亮既不圆也不亮，有些许月光洒进帐篷。躺在气垫床上，能听到有人踩在碎石上的声音，听到不知名的小生物的低吟和蛐蛐的响声。

（二）

清晨5点多我就醒了。与其在充气垫上腰酸背痛，还不如早点起身去看看森林中的晨景。我蹑手蹑脚地走出帐篷，一不小心，打翻了一个小瓶，发出咣当的声响。好在两个外孙女白天玩累了，正呼呼地睡得香。

这时，我对营地做了一番巡视：五颜六色、大大小小的帐篷为一年中不少时间都是沉寂的森林带来了活力和生气，帐篷旁系在树干的吊绳上挂着"万国旗"，有些人家甚至将圣诞节用的小彩灯也带来了，使密密的树林中出现了点点灯光，有些还在帐篷外挂起迪士尼的动画图像，可以断定，此家必有孩子同来。一些帐篷外放着不少折叠椅，红枫叶的椅饰显得特别醒目。有些汽车顶上的自行车和充气船尚未松绑。还有各式房车，据说租车的价格不贵，我想下次有机会再来露营，不妨租个房车一试。

清晨的第一缕阳光照进森林，由于树又高又密，两树之间只露出一条细细的天际线。路修得很好，有的较直，有的顺地形弯曲。早起的家庭主妇开始张罗一

清晨的第一缕阳光

家的早餐。不时可听到一些鸟鸣之声。等到阳光普照之时，那些少男少女的自行车又开始出动了，又是那个金发小女孩，又是那几个结伴而行的小伙伴。那个"小金发"已认出了我，立即笑盈盈地与我打招呼："Good morning（早上好）！"我也微笑应答。

9点，我们的早餐开始了，这是一场特别的早餐，不仅因为用餐地点是在森林，更因为今天是女儿的生日。原来，她们在挑选露营的时间时已对此做了考虑，在森林里过生日，七八月的暑假，家庭成员中只有女儿的生日可以"中标"。这在很多人都是可望而不可即的。

生日蛋糕上桌。由于锁在自带的冰柜内，黑熊是不可能将此作为美食的；至于松鼠、野兔等小动物，更不可能将此据为己有。切蛋糕之前大家分送礼物，天媛将自己在学校获得的奖励——一条丝巾送给妈妈，子盈送上自己的画；而我们，则送上《温哥华剪影2014》影集，这是我们在温哥华住了近300天的采风集锦，相信她会喜欢。在"祝你生日快乐"的歌声中女儿吹灭蜡烛，双手合一默默祈祷，我猜想，她的祝福一定是家人平安健康，女儿天天向上。

再次来到湖边。风很大，在湖内划船，游泳的人寥寥无几，与昨天下午判若两湖。一些充气双人艇在湖内只是原地转圈，有一个充气船可以单人双桨，同样也难逃这样的命运。

爱丽丝湖周围有茂密的原始森林环绕，还有大片的草地，这里有一条极受欢迎的小径，是人们喜爱遛弯的地方，我们决定进入原始森林。

一些树枝从两边向中间靠拢，自然地搭起了彩门欢迎来客。

森林中向阳的一边大多树干粗壮，植被很好；而背阳面则苦了那些树干，又瘦又细，可见家庭环境对"孩子"的成长至关重要。抬头仰望，除了蓝天白云，就是那密密的树叶，从照相的画面看，似乎是树叶把那蓝天白云都给分割包围了。由于风大，一些树枝弯腰成六七十度，一些巨树被砍伐多年后，其硕大的截面上已长出了细细的树枝；几根树干的中间出现一个内黄边红的原点，从中透出的光源金闪闪的，煞是好看。各种长着苔藓的树木横七竖八地与地面相交。大自然往往是最好的设计师，把一些树干组合成 x、y 状，上面还有不少苔藓；一些干枯的树干已经成了"木乃伊"，成为森林中的另类风景；一些粗细不等的树干密密地箍扎在一起，组成漂亮的"树网"；还有些树干尽管非常粗壮，但看来已倒地多时。原始森林就是这样，很多树干都是自生自灭，由此也带来了另一种生态平衡。

中午睡了一觉。下午我们再次来到湖边时风小了不少，上午寂静了一阵子的湖面又开始热热闹闹起来。

蓝色头颈的鹅成群结队地在湖上游泳，看着湖面的波纹非常平静，不知它们为何练就了如此娴熟的游泳技术。一些黑颈灰身的鹅上岸踱起方步，乐得外孙女拿起树枝追鹅；一些鹅伸长头颈在湖边觅食，胆大的干脆来到游客的休息地，好一幅人鹅共嬉的和谐画面：一边是躺着休息露出的"三寸金莲"，一边却是三五成群正在逐食的灰鹅；一些男士身着黑底红花的大短裤，俯身晒背，而那身边的鹅却在草地上悠闲啄食。

岸边的休息地五彩缤纷：有披浴巾休息的，有袒胸露背的，有侧着、卧着晒太阳的，也有坐在折叠椅上拿着相机寻觅"对象"的。

晚上吃烧烤，烤炉、气炉派上了用处。在森林中吃烤鸡翅和酱牛肉别有一番风味。

19点时分，天空下起了小雨，这是露营中最担心的事，幸亏帐篷顶上有"盖"，况且雨还不算大，我们顶过去了。

（三）

在森林中又过一夜。

雨后天气很凉，我仍是清晨5点多就醒了，一冻二腰酸背痛三要小解，干脆起床。好在不久天已渐亮。

森林中的空气异常清新和甜蜜，各种鸟鸣此起彼伏，就像是在聆听一首老约翰·施特劳斯《维也纳森林的故事》的圆舞曲。森林中除了大量的松树外还有一些白桦树，虽说树干不如松树那么粗壮，但毕竟也顶风冒雪地度过了十几个年轮。雨后的蓝天更加清澈，白云更加清纯，我打了一套太极拳，享受了一番中西结合的锻炼方式。呈现出云想衣裳花想容、微风拂槛露华浓的美景。

吃完早餐我们开始收摊。虽说"破坏"总比建设容易，但两个帐篷的拆卸还是需要相当的时间。

邻居10点多就走了。我到他的"家"里巡视了一番，桌椅收拾得干干净净，地上未见一张纸屑一片果皮，这就是北美人的文明素养。我们收拾完行装已是10点50分，按规定，11点以前须退房。

再见了，美丽的爱丽丝湖；再见了，浩瀚的原始森林；再见了，难忘的营地。这时，我又看到了那个金发小女孩，这次她已不是"小组长"而成了"总指挥"，十几个小车手停下自行车列队在旁向我们挥手告别。我赶紧向窗外挥手，出了大门才想起应该留下孩子们在挥手告别时的好镜头。不然，在我的相机中就会多出一张精彩的"列队相送"的好照片了。

·游 湖

今天是8月1日卑诗日，全省的公共假期，我们和罗丝一家到位于菲沙河谷的库尔塔沃士湖去。在大温，这样的湖很多，为市民增加了很多郊游的理想场所，也是朋友们结伴而行的好去处。

该湖位于70公里以外，走一号公路一个小时即到。天空晴朗，万里无云，盛夏时尽管紫外线很强，可一到大树下面却不热，有时甚至还凉风习习，给人很舒适的感觉。

美丽的库尔塔沃士湖

度假屋

　　节日的库尔塔沃士湖边游客不少，如再晚到几分钟，公用桌椅将被络绎到达的游客"瓜分"完毕。这种桌椅置放在专设的亭屋里，亭屋很宽敞，既可遮阳，又可防雨，公共的桌椅可自行搬起，不少人将它们移放到湖边，应该说，这里的人是不怕晒太阳的。我们也入乡随俗，移动桌椅至湖边，摆上用于午餐的食物饮料，就可放心地欣赏湖景了。还有公用水龙头，大大方便了游客。在纵深处支起不少帐篷，这是游湖人的另一个活动场所。

　　湖边的房屋一般三四层高，有些沿山坡而建，层层叠叠颇有层次感。那粉红、天蓝或橘红的房子有的平顶，有的尖顶，与灰色的水泥栈桥和蓝色的水面一起勾画出灵动的画面。可以毫不夸张地说，这里的每一个角度都可以入画，而相机随手一照，都会是一张漂亮的明信片。

　　这里的栈桥，主要是便于湖上的活动及水上活动后的休憩。湖面上，有的在进行畅游，有的乘坐四人座脚踏船，还有可由两三人划桨用的小舟，另有一种沙发式的救生圈，我想，人坐其上恐怕会有特别的感觉。彩色的救生圈零零星星地散落在湖边，增加了不少斑斓的色彩。

天媛已懂游泳，欢乐地在水中嬉戏。子盈则带着救生圈下水，也爱上船。罗丝的身材要比她俩扎实些，参加多种水上活动时毫不含糊。上岸后，玩沙子、垒房子显然也是她们喜爱的活动。

午餐开始了。罗丝妈妈亲手烹制的酱牛肉很受大家欢迎。女儿制作的糟鸡爪也有独特的风味，再加上现制的烤鸡腿，悠悠的香味一直飘到很远处。果汁、面包、西瓜，一顿美味的午餐既有营养又很实用，成人、小孩个个有滋有味，欣赏着湖上的风景，享受着舌尖上的美食。

湖边有不少度假屋，据说要提前预约才能入住，时间宽裕又懂得享受生活的人，一住就是三五天，甚至更长。饭后百步，我浏览了一番这些漂亮的度假屋。引人注目的是枫叶旗，度假屋顶或屋前大多飘扬着大大小小的枫叶旗，在艳阳下一片火红，似乎映衬着加拿大人红红火火的生活。同样吸人眼球的是一个个饰有红枫叶的折叠椅，还有湖中的红色帆船和全身通红的红车。红色往往是最引人注目的颜色，这一点，华人和加拿大人似乎都一样。度假屋大多敞开，可见有些屋里的主妇正在准备午餐，还有一些家人围坐在圆桌旁，喝着咖啡聊着天。孩子们除了在水中可以打水仗外，在陆地则能骑单车，小伙伴之间似乎也有着说不完的悄悄话。青春女子或玩手机或玩电脑或静心看书，有的干脆面向蓝天平卧，穿着"三点式"，带着"蚂"式墨镜，在宽敞的草地上进行日光浴。

也许，离湖不远处有印度裔聚居的地方，在今天的游客中，印度裔至少占三分之一以上。这些男士的头是最有特色的，包裹着红、白、黄、咖啡等颜色的帽子，他们大多还留着或黑或白的大胡须，成为湖边又一道别致的风景。

节日间一下子涌来上万人的游客，小卖部是不可或缺的，这里挂出了"快乐沙龙"的招牌，人们可以到此补充食物，有时居然还要排队。

这里自1864年以来曾生产过宝石，而今，库尔塔沃士湖就是宝石，它馈赠给人们的是美丽、灵动和欢乐。

旅游景观文化
Tourism Culture

.

加美边境和平门

　　从温哥华驱车沿着99号公路南下，不到1小时就可到达加美边境，十分抢眼的就是白色的和平凯旋拱门。北边是加拿大的界碑，南边是美国的界碑，两个界碑之间不用护栏和篱笆等屏障，人们可以在这里自由穿梭，这就是世界上最宽松的边界线——和平门。

加美边境和平门

高达20.5米的和平门位于加拿大99号公路和美国5号高速公路的起始点，是加美边境上一座纪念碑式的建筑物，建于1921年9月，为纪念英美两国1814年12月24日签订的《根特条约》100周年而建。白色的和平门又反映出两国人民真诚善良的愿望。

和平门是世界上第一个和平标志建筑，外形构思者是美国商人Sam Hill，他选取了当年运送奴隶船上的钢材作为钢筋，在一个巨大的铁盒上灌注出这个拱门。他还在和平门的主体部位安置了象征加拿大的海狸和具有美国精神的五月花。把两扇铁门打开，象征着两个大国的和平。

1921年，Sam Hill把此门捐献出来，加美两国的孩子们发起了捐款建立公园的倡议。经过20多年的努力，边界线周围的土地变成了美丽的和平门公园，由加美两国共管。加拿大把和平门靠卑诗省这边135亩的范围作为省属公园，美国则把靠华盛顿州那边120亩的范围作为州属公园。

和平门前

在加拿大一侧的门楣上镌刻着一行字：Brethren dwelling together in unity（唇齿相依的同胞）；美国这侧镌刻的是：Children of a common mother（同一个母亲的子女）；拱门内东侧写着：May these gates never be closed（但愿此门永不关闭），表达了两国人民永享和平的心愿。

和平门旁的展览橱窗里是兴建和平门的文字介绍和历史照片，其中一张为当年简陋的一人多高的木门边上加美两国的边防官员手拉手的亲密照，另一张为加美两国的孩子们在和平门建成典礼上绽放出欢乐的笑脸。

公园拥有广阔的草坪，建有莲花池和花园，来自加美两国的游客可以不受任何限制地在园内跨国游玩。加方这边有一个用鲜花堆砌而成的红枫旗花卉，显得热烈而美丽，倾注着加拿大人对国家的强烈情感；美国一侧的星条旗热烈而鲜明，形成了一道独特的风景线。

这里通向美国

　　公园里设有不少步行径和休息区，还有儿童游乐场和野餐台。由红、绿、紫、黄等各色花儿组成的花圃十分漂亮，一些参天古树伸出巨大的树盖，一棵棵松柏树、一丛丛美丽的灌木把公园装扮得秀丽得体，鲜花绿草令人心旷神怡，一些新人还选择在此举行婚礼。

　　公园东边有条街，是大温素里市的"零街"，路南的房子是美国的，北边则为加拿大的。在温哥华东南方向的海边是白石，一栋栋独立屋依海而建，隔海相望的是雪山。海滩上横向放置了很多枯树桩，游客可在此休息，晒晒太阳。一些小孩在海滩旁玩水、挖坑，玩得不亦乐乎。海面上不时驰过一些快艇。

　　当然，和平门也很难做到始终宁静。2012 年 10 月 18 日，一名美国男子驾驶着一辆挂有华盛顿州牌照的货车行至和平门入境通道，突然对安全岗亭中一名加拿大女警官的颈部开枪后自杀，加方随后关闭了入境通道，加美边境这个最繁忙的边境通道曾一度陷入瘫痪。

春 之 魂

　　第一次世界大战以后，日本神户和横滨市市长向温哥华赠送了500棵樱花树，由此，樱树开始在斯坦利公园的日本纪念碑旁落户。崇尚多元文化的温哥华对这种来自东亚的花卉及随之而来的文化表示了极大的好感，樱花树开始在温哥华广泛种植。1958年，日本政府赠送给温哥华300棵樱花树，于是在伊丽莎白女王公园、斯坦利公园等处又出现了象征日加友谊的曙樱、关山樱及惠空樱。

　　据统计，大温地区共有13万棵樱树，有50多种樱花，如果每棵树能开近万朵樱花的话，将有13亿朵樱花绽放在大温的公园和大街小巷。樱花花瓣的颜色深浅不一，或乳白或淡粉，或绯红

温哥华不愧为"樱花之都"

或桃红，或鲜红或微紫，除在集中区开"群樱会"外，不少作为行道树或房侧树。虽说"樱花七日"，但从每年的2月底到5月初，各种樱花此消彼长、此起彼伏，为温哥华的人间仙境储存了一张响亮的名片——樱花之都。

有人说，温哥华的春天是被樱花闹醒的，这很确切。

樱花盛开的大街

红樱绿树

在温哥华探亲期间，只要是上学的日子，我几乎每天都要接送外孙女上学，房前屋后，围墙边上，不少好看的樱花等着我去好生欣赏。那粗壮的树干、各色的樱花纷纷登场，叫人百看不厌、百思不尽。我想，如单独一棵也许并未引起人们的注意，但连成一片就蔚为壮观。

樱花，在人们的身边生长；心花，在人们的心中开放。大温有不少独立屋，每到樱花盛开之时，樱花与绿树和五颜六色的小别墅交相辉映，毫无疑义，在每一个画面中樱花都发挥着不可或缺的重要作用。我保存着这么一张相片：远处雪山依稀可见，近处绿树高大挺拔，而穿插在其中的就是那温婉甜美的樱花，就像是那羞答答的玫瑰在悄悄地绽放。

在温城无处不飞花的日子里，每逢双休日，女儿都要开车出去带我们兜风，使我们有机会欣赏樱花怒放时的热烈和纷纷飘落时的纯洁，思考对人生和生命的感慨。对于温哥华人来说，每一年樱花盛开的日子，也就意味着缠缠绵绵的雨季很快将成为过去式，而花意盎然的春日真正到来了。

4月中旬的一天，我们首先来到位于温哥华市区的 Burrard 天车站，这是赏樱的一个热门地。在粗壮的樱树树干上，微紫和乳白的樱花正肆意开放，赏花的人们手持粉红和草绿的气球，徜徉在花海之中。有位长者一手持气球，一手拿着咖啡杯，要在气定神闲中好好欣赏一番樱花的美姿。一些老太太头戴绒线帽，脖子上还系着长条围巾，端坐在长凳上赏花。虽说已是4月过半，但对温哥华来说还仅仅是早春。

接着到伊丽莎白女王公园。

还在快速行进的天车上，我们就看到了不少云蒸霞蔚的樱花人家，处在一片片千娇百媚的樱花包围之中。灰色、米黄、淡紫的别墅时隐时现，给人以中国山水画

来一张！

似的特有韵味，犹如坠落凡间的仙境，既梦幻又浪漫。

在伊丽莎白女王公园的西入口，一片壮观的染井吉野樱赫然映入我们的视野，这是日本樱花中最著名的品牌。此花每朵有5片花瓣，属单重的花瓣，梗长花小，花朵密集，花型温婉，如云似雪，薄如轻纱，平滑而又有光泽。这种樱花，有的呈淡淡的红色，看来是初绽；有的又呈纯白色，正在肆意怒放。再往里走，各种各样的樱花争相与游客见面，呈现出清代诗人黄遵宪"墨江泼绿水微波，万花淹映江之沱。倾城看花奈花何，人人同唱樱花歌"的盛况。

这时，一幅"画中画"赫然印入我的眼帘：在一大片红如胭脂、华贵饱满的樱花树前，一青年男子摊开画板，正在精心作画。他要把稍存即逝的樱花的倩影留住，他要把高大挺拔的观山樱的英姿升华至新的高度。满天粉霞、绿色小草和兴高采烈的人们编织成一幅幅美丽的画面，我们深深地吮吸着浓浓的春天的空气，静静地吮吸着樱花那芳雅的气息。樱花，带来了温哥华的春之魂，让我们把多姿的樱花在自己的心中深深地定格。

有的地方，樱花会静静地飘落，这叫樱花雨。有人在树下铺上垫布，平心静气地练瑜伽，潜心去体会那种自然与身心合一的愉悦。他们通过静观来思悟真理，又通过修行使人性升华到新的高度。

呵，樱花，你轰轰烈烈而生，怒放瞬间使人赏心悦目，凸显了生活的绚丽多姿；你从从容容而去，凋谢时选择的不是枯萎而是散落，展露出人生轨迹的最后凄美，这多像人生舞台。人活着一天，就是在向死亡靠拢一天，因而，不少人希望自己的一生是这样度过的：怒放时能经受春雨的洗刷和严冬的侵袭，经受住钱弹肉弹的诱惑；散落时能避免病痛的折磨，回眸一笑谢别亲人的挽留。王安石诗云："知世如梦无所求，无所求心普空寂，还似河沙随梦境，成就沙河梦功德"，"散落"之时，还是"无所求"为好啊！

说到樱花，值得一提的是温哥华不列颠哥伦比亚大学的教授道格拉斯·蒂斯，这可是一个樱花迷。他用整整30年的业余时间，逐一走访大温的各市镇，探访并详细记录着生长在这里的每一种樱花。

小时候，父亲在私家花园里种植了一株纤纤的吉野樱，粉红夹洁白的花瓣，点燃了小男孩的爱樱之心。可以说，他伴随着吉野樱的生长而成长，树枝的慢慢变粗而强壮。他最难忘的是这样的场景：春日之际，漫柔的花瓣纷纷扬扬，轻轻落到餐桌上，这时，他和家人一起欣赏着落英缤纷的樱花，犒劳着自己的舌尖，空气中弥漫着迷人的香甜，演绎出一个个童话般的梦境。尽管他的本职工作是建筑与景观设计，他却把自己变成业余时间寻芳追踪樱花花容的常客。白天，他驱车走遍了大温南北东西的大街小巷，了解和识别不同种类的樱花；夜晚，他或灯下赏花，或挑灯夜战，撰写《温哥华赏樱指南》，在详尽的记录中将各种樱花的详细说明、全彩照片、观樱的最佳时机和掌握的关键位置等，向爱樱赏樱的人们娓娓道来。他欣赏樱花的"雪崩"，更喜爱一些深藏于私宅花园中的稀有品种。我记住了在位于 shaughnessy 的一处私人宅院中发现的樱花品种：强壮的枝干，极其美丽的粉红色花朵、在樱花盛开的时候，叶子还会呈现绚丽的紫红色。我希望有机会能细细品味这种"超级美丽"。

樱花轻抚

追"枫"景

　　枫叶是加拿大的标志。大到国旗、国徽、国花，小到服饰、帽子、水笔上都有枫叶的图案。我不是来去匆匆的不速之客，也不是限时旅游的观光之友，而是一住半年的探亲居民。因而，我就有比较充裕的时间来欣赏秋景、陶冶"枫"情。

　　10月一到，温哥华开始出现一幅幅色彩斑斓的生动油画。随着入秋时间的顺延，树上的叶子正在发生"颜色革命"，原来的一片葱绿，逐步地变黄、变紫、变红，于是，整个大地呈现一派奢华之秋斑斓多姿的色彩。有杏子般的金黄，有凤凰似的火红，也有半黄半红，它们与一些变色还不明显的绿叶交织，组成了一幅幅美丽的画面，有的整棵大树一片金黄，在阳光的轻抚下，树

如火如荼

上的为金黄透明，树下的则为一片米黄；有的红绿相间，展现出多重色彩。在葱绿的草坪上，也开始出现一些淡咖啡色的落叶，组成与春夏不同的画面。

那是10月的第三天，我们到溜冰场去看两个外孙女滑冰练习。趁着前后有一个多小时，我就转悠到附近的一条小巷，谁知是犹抱琵琶半遮面，进去后才知是闯进了一个赏秋景的好去处。

进得里面的开阔地带，简直是到了一个秋意盎然的花园。一些布满金黄叶子的大树，树冠浑圆饱满，犹如是浑身披上了黄金甲，在阳光下熠熠生辉。由于是雨后初晴，天气显得特别凉爽。循着黄树进去，里面就进入了一个新天地，各种黄的、褐的、绿的、红的叶子就像是浓墨重彩，把一栋栋漂亮的独立屋打扮得犹如俊男靓女一般。你不能不承认，多色调往往比单色调要美得多。你看，在一栋米黄或淡绿的屋旁，簇拥着一堆美得让人窒息的色彩：半黄半红的枫叶、翠绿的松柏、绿叶中轻扬而上的白色芦苇草，再加上花坛里簇拥着的红色海棠，这种美丽，不到现场很难获得身历其境的满足感。

多色调之美

红叶悄然褪去

到了10月中旬的一天，我们到文杜森植物园去赏枫。

简约的大门成弧线形，显得简洁流畅。

进了大门，披上红装的"枫"景越来越多，将成熟之秋的魅力展现得淋漓尽致，外孙女兴奋得拿起手机拍起照来。这里的枫叶组成了红黄世界，论红的，有深红、褐红、杏红；论黄的，有橘黄、绛黄、金黄。一阵风过，掉落在草地上的圆形或尖形的黄叶以各自曼妙的姿态或在空中飞扬，或舞动几圈，然后又悄无声

息地缓缓落地。

我们来到葡萄架下，只见顶上盖满了红枫叶，偶见一缕红枫轻吊而下，嫩嫩的、轻轻的，叫人忍不住伸出手去轻抚。一老者尽管已显步履蹒跚，仍在枫树下缓行散步。两孩童在红枫树下奔跑，在那渐已转黄的落叶上玩耍。再往前，一条极具民族特色的木制长船横卧在枫树林中，供人欣赏和拍照。那位红衣女郎最为陶醉，不时拿出手机将自己窈窕的身影与木船合影，似乎在告诉人们：青春豪放有时也可以与虽老犹壮和谐地共存于一个画面之中。这使我想起了在中国内蒙古阿拉善的"怪树林"里，摄影人请来了一个身材窈窕、面容姣好的蒙古族姑娘充当模特，与三千年不倒的弯曲胡杨树组成的好看画面。此情此景，何其相似乃尔。

来到植物园最开阔的地方，显然也是"枫"景最为集中之处。宽阔的湖面，五彩缤纷的花与树，兴高采烈的赏樱人，组成了一个个令人难忘的精彩画面：摄影师支起了三脚架，精心捕捉着一个个可以入画的"枫"景。一倩女一袭红衣，似乎决意要与"枫"景媲美。一对白肤碧眼的老人精心准备了衣装互拍，颇有一番风韵。还有一对华裔新人操粤语口音，在专业摄影师的指导下正在精心拍摄婚纱照，憧憬着幸福的明天。前面是深红或杏黄的树叶，后面是如火如荼的红枫，枫树红叶倒映在湖中，再加上或黄或绿的浮萍，组成了漂亮的倒影。突然，一只可爱的小松鼠突地跃上了红枫枝头，其身姿之灵活、动作之敏捷令人赞叹不已。

在文杜森植物园的集中赏枫之地，几乎可以饱览大温地区的主要枫树，例如大叶枫、挪威枫、梧桐枫，还有藤枫、道格拉斯枫和曼尼托巴枫。回到家里，我翻开本子，将精心采集的树叶擦净抚平，保存在枫叶标本集中。

温哥华最美的枫叶大道不在豪宅林立的温西，而在温东。10月下旬的一天，我们慕名而至"温东赏枫第一街"，实实在在地感受到了最震撼的街道红枫美景。

一进街口，我就被一大片火红的枫叶所醉美。只见两旁的枫叶群铺天盖地，红得几乎让人透不过气来。这里除了白色和灰色的汽车外，就是红色的世界。就连碧绿的草地上也铺满着厚厚的一层红叶，就像在中国过春节时放鞭炮留下的红屑。偶尔路边停着一辆红色的车，红叶红车，红车红叶，那可真叫争红斗艳啊！难怪有人开玩笑说，若不知情者，会拿着电话拨打911，呼叫消防车快快来到！山丹丹开花红艳艳，大温呢，红枫叶不开花也是红艳艳的。

要说完整的秋季美景，斯坦利公园似乎可以在大温拔得头筹，这得益于公园内有上百种原生植物。

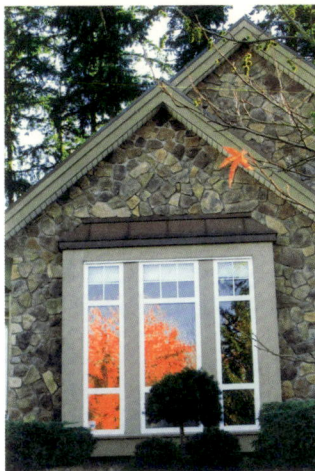

走出"温东赏枫第一街，"女儿一家去了水族馆，我却一头扎进了斯坦利公园。这里的冬春时节我都与它有过约会，在此踏秋赏枫可是第一次，而且是独自拥有了四个小时的赏枫时间。

在一大片银杏树的树林中，深褐色的树干与鹅黄色的树叶有机交织。就是那深褐的色彩中，也有粗壮的树干与纤细的树叶相融相会、刚柔相济地组合在一个画面中，你会领悟到一种别样的美学效果和人生启示：秋天是收获的季节，也是人生走向衰老的标志。由盛而衰，既是自然界也是人生的规律。古人云："碧云天，黄叶地。秋色连波，波上塞烟翠。"

在宽阔的草地上，幼儿园的老师带领着一批批学生踏秋。这些孩童到了大片绿茵之地，宛如一群放养的小鸡在欢蹦乱跳，又像是枝头上那叽叽喳喳的小鸟。这时，鸟儿在绿地上闲庭信步，鹅群有的注目前方，有的蜷着脖子，正在寻觅食物。

马车来了。一些行旅匆匆的游客乘坐马车一路浏览着红、绿、黄交织的一幅幅精彩画面。一边是火红的枫树，一边是缓缓驶过的马车，在蓝天白云下，秋高气爽的环境使人更觉爽也。

来到运动专用通道，一队队的车手在红枫连排的树下疾驰而过。有时，又可见上身着露背装的黑衣女孩，脚踩滑轮潇洒前行。

阳光，透过树杈给我温暖；高楼，有我相伴更显生机；游船，有了红色更添动力；秋天，有了多色调更显斑斓多姿。

整整四个小时，我不停地走，不停地赏，不停地照。这一天，"温东赏枫第一街""枫"了，斯坦利公园"枫"了，我也"枫"了。我觉得：大自然给大温刻意染上了种种颜色，老天爷在作画时打翻了调色盘，给自己钟爱之处披上了五色羽毛，树非红非黄即绿，路非灰非红即黄，在路舍之间，还有青葱的松柏和长青的海洋杉点缀其中，将大温装点成一座座美丽的花园。这时，你会慢慢地醒悟到：为什么加拿大的国旗是枫叶旗，为什么加拿大的绿卡是枫叶卡，为什么加拿大的美食中有枫糖，为什么加拿大知名的家具品牌是枫木家具。

集中赏枫之地确实会使人油然而生震撼之感，然而在这时段的大温，不管是开车在水边山涧，还是行走在大街小巷，所到之处满城都笼罩在秋色的灿烂之中。

10月下旬，在和谐阳光的照耀下，虽然不少枫叶的绚丽的色彩即将褪尽，但是更换冬衣较晚的那一族仍然保存着一些漂亮的绿、红、黄、紫的叶片，阳光一照，晶莹得给人以顽强的生命力之感。一些独立屋外有红枫，隔着玻璃一照，似觉房内也有红枫。有的屋外的围墙上伸出一枝红叶，又有了"满园秋色关不住，一枝红叶出墙来"的美感。还有些枫叶不是长在树上，而是悬吊在房子的屋檐上，组成了一道别样的风景。

转眼已到11月底，温哥华迎来了入冬以来的第一场雪，虽不很大，却使绵延一周的雨天戛然而止，人们开始为一年一度的圣诞节做准备。令人惊叹的是，居然还能看到一些稀疏的红叶顽强生存。人们期待着瑞雪兆丰年，也期盼着圣诞节红红火火的热烈气氛。我赞叹在零下一度的低温中依然倔强于世的红枫，这多像我国江浙沪一带的蜡梅，穿上了"已是悬崖百丈冰，犹有花枝俏"的美装。

冬天已经到了，春天还会远吗？

待到山花烂漫时，"春之魂"——绚丽的樱花又将巧施粉黛登场了。

游览格兰维尔岛

在温哥华，有一条连接机场和市中心的格兰维尔大道。大道旁，隔着福溪与市中心相望的就是格兰维尔岛。这个位于佛斯河流域南岸，曾经是一个有着茂密的森林和诸多物种的富庶的盆地，河流南岸的开阔沙地曾是鳟鱼和鲟鱼的出没之地。150多年以前，印第安人为捕鱼在此建立了村庄。现在这里已经成为温哥华市中心的地标，也是世界知名的休闲旅游之地。

当你漫步在小岛上的时候，可以尽情地感受着港湾那宁静而怡人的气氛，闲逛那250多家精致而有特色的小店，感受艾米利卡尔艺术及设计学院的艺术氛围，聆听时断时续地飘荡着不同格调的音乐，观看街头艺术那令人陶醉的表演。

· 风筝大世界

春天，是乘着风筝追逐美梦的日子。从温市放风筝的天堂避风港凡尼尔公园出发，只需乘上形似玩具澡盆的小型渡轮即可到达格兰维尔岛，因此在岛上开个风筝店实在是个明智之举。

到温哥华探访女儿之前，我们曾在南宁选购了两只风筝，大的是飞鸟，小的是蝴蝶。两个外孙女曾在南湖公园里奔跑着、嬉笑着，手擎越放越长的线板，眼望扶摇直上的蝴蝶和飞鸟，开心地就像是两只欢乐的百灵鸟。在大洋彼岸，能看到心仪的风筝吗？

据说，这个风筝店已开设20多年，形形色色的风筝令你有目不暇接的感觉。动态的，有"特技风筝"；易飞的，有单线风筝；有风时，有全线产品；无风时，同样有可以飞上天的玩具，例如滑翔机、大型气泡机、飞碟、高尔夫飞盘等。最吸引我的是中国的国宝——熊猫风筝，只见那黑白相间的熊猫依托在天蓝色的风筝片上，眼周、耳朵、前后肢和肩部为黑，其他部位为白，双目和四肢都是圆咕隆咚的，那种憨厚的样子实在教人爱不释手。

· 玩偶大集合

玩偶集中的商店显然是让孩子和家长都会快乐无比的天地，不管是布绒玩具还是木偶，往往是孩子成长的天然伴侣。

玩偶商场里出现了电影电视中的时髦人物，头戴黑色礼帽的魔术师、身穿花格子裤子又装点着红鼻子的小丑、活泼可爱的斑点狗等站立门口，欢迎小朋友以及他们的家长。

给我印象最深的是猫头鹰，需借助"iPad"操作，它的双眼又圆又鼓，它的嘴巴会张开说话，比我在那天晚上森林公园里看到的真猫头鹰还要灵动。还有各种手指木偶、提线木偶、布袋木偶和傀儡兽也吸引着人们的目光。这里的木偶产品有着不同的身份，有国王、军官、骑士、警察、公主、医生、厨师和指挥家，甚至还有乞丐。

为了更好地推销玩偶产品，这里的售货员大都掌握了提线木偶的技艺，一边操作、一边推销，活灵活现、惟妙惟肖。看着他们手下的木偶们活蹦乱跳和手舞足蹈的兴奋劲，你会被激励得亲手试试那些又可爱又搞怪的木偶。

有人伸出右手玩起了手指木偶：大拇指套上青色的马；食指上站着芭比娃娃；中间的木

来游戏吧！

偶最高大，显然是国王；无名指上套着身穿制服的警察；而小指环上戴着的居然是一个小老鼠，正随着音乐在跳踢踏舞。

·乐器大合奏

这里有一个汇合了全世界各种乐器的大世界，从古典的到现代的，从传统的到时髦的，有扁有长、有方有圆、有高有低，还有奇形怪状看似汤勺、茶杯、板凳、摇椅的，别有洞天。这些充满着异国风情的乐器使游客有了感受世界音乐的胜地。据说，这家乐器工作坊在德国、英国、瑞士、奥地利、爱尔兰、新西兰和澳大利亚都有连锁店。

在琳琅满目的货架上，摆放着各种管弦乐器、弹拨乐器和打击乐器，形成了声音的摇篮和一个特色乐器的小王国。俄罗斯的三角琴流淌出脍炙人口的经典旋律，似乎让人们走进了《莫斯科郊外的晚上》，见证了《红莓花儿开》和《山楂树》，呼唤着《喀秋莎》。中国的琵琶、古筝、笛子等传统乐器可以演奏出《喜相逢》《金蛇狂舞》《春江花月夜》和《苗岭的早晨》等时而欢快、时而舒缓的曲调。另外，印度的乌毒鼓和泰国的象脚鼓演绎出南亚和东南亚前行的节奏。非洲的拇指琴为你再现那原始部落狩猎的场景。

值得一提的是，这么多来自全世界的乐器汇合不是流水线上的产品，全部采用手工制作。它们可以演奏出原汁原味的传统旋律，也可以注入时尚元素，体现出电脑音效，实现传统音乐和现代生活的完美组合。

·扫帚大追逐

说到风筝、玩偶和乐器的艺术氛围，大家很好理解；如若要让扫帚与艺术沾上边似乎是不可思议之事，那么就让我们来乘着扫帚追逐梦想，去看看这里的扫帚是如何与艺术结盟，就连中国收藏家马未都先生也忍不住在此挑选扫帚，不远万里地带回北京。

在中国，扫帚只是一件家常物品，尽管有了吸尘器，但它显然无法完全替代扫帚的功能。在欧美，扫帚往往还象征着财富和运气，有的婚礼中显示出这样的习俗：新郎和新娘手牵着手跳过一把扫帚，那他们就可以和财富相伴，带来好运。

英国的威尔士有个古老的习俗：如果新婚夫妇在进入新家时只要跳过一把扫帚，好运就会随之而来。在西方的神话故事中，女巫可以骑着扫帚飞来飞去。而哈利波特迷们可能不会忘记：哈利波特和小伙伴们正骑着这里生产的飞天扫帚去参加魁地奇，驾着它去消灭伏地魔。

走进蓝色小店，扑鼻而来的是稻草的清香。只见天花板上、墙上和柜子里摆放着形状各异、大小各一的各种扫帚。这里不兴标准化生产，而是沿袭17世纪的手工制作工艺生产扫帚，因而不会出现两把完全相同的扫帚。

在卑诗省东部长大的两姐妹在这里开设扫帚专业店已有数年，而她们的父母则在同省的库特尼地区从事20多年的扫帚制作，于是出现了扁平扫帚、圆形扫帚、双头扫帚和长顶扫帚，还有迷你型的扫帚冰箱贴。

·环境大变身

在这个鲜花盛开的小岛上，你可以进入风格独特、门脸创意十足的店铺，也可以欣赏在风格迥异的书廊外摆放的漂亮的画作，还可以吮吸那弥漫着烧烤食物的香气，品味那精致的咖啡和各种香气扑鼻的小食品，或者在水边与游动和戏耍着的鸭子和海鸥互动。你一定不会想到：这么一个鸟语花香、充满艺术气息的小岛曾经是一个污染严重的工业基地和荒芜的沙丘。至今，这里还保留着工业区的布局和建筑，只不过这些旧日的厂房摇身一变，穿上了鲜艳的衣裳。

加拿大是工业强国，格兰维尔岛也曾以工业为支柱。100多年以前，这里由木材加工中心逐步发展成一个综合性的工业基地，尤以化学工业和造船工业闻名。工业化与环境保护似乎是天然的死敌，福溪成了工厂排放废水的天然污水管，原来在水中嬉戏的生物被严重污染的水域环境所替代。到了20世纪70年代，由于环境恶化，这里的工厂纷纷外迁，小岛逐步蜕变为只有废弃厂房和仓库的荒芜沙丘。

是要严重污染环境的工厂还是要观光休闲区和绿色旅游地？政府经过艰难抉择做出了正确的决策。1972年，加拿大联邦政府从国家港口委员会手中收回对该岛的行政管辖权。而后陆续投资7000多万加币，将该岛改造成服务于周围居民的社区中心和旅游观光胜地、北美最成功的海边重建区之一，还曾被一个以纽约为基地的社区发展团体冠以北美最佳社区称号。

触摸渔人码头

中午，我们到离家约40公里的渔人码头去，听说这是列治文市一个重要的旅游景点。

车到列治文后沿着一号公路向南行驶直到尽头就是渔人码头。这里的地形宛若一座小岛，弗雷泽河蜿蜒环绕，故有"岛城"之称。在大温，渔人码头是亚裔的聚居地，印度、日本和华裔的移民将自己本土的生活方式和文化习俗带到这里，形成了多元文化。

天气帮忙，清晨在素里还是小雨纷纷，此时突转大晴天，将阴霾一扫而空。半年前我曾到此来过，那是阴沉沉、冷冰冰的天，与现在的感觉完全不一样。

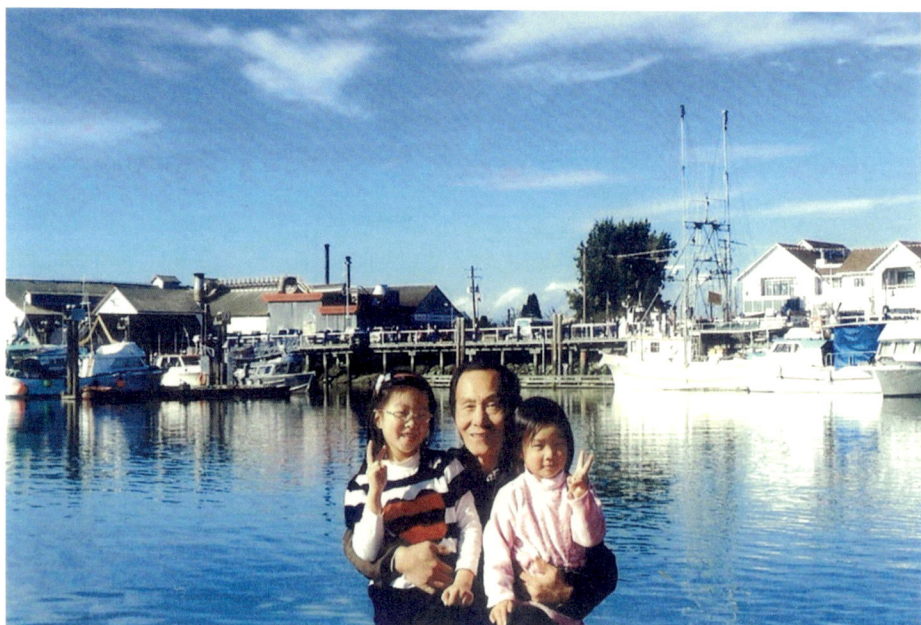

与外孙女在渔人码头

　　这里原本是一个普通的渔村。1878年，史提夫先生携妻带子来此住下，既下海打鱼，也开荒种地，还建起奶牛场。通过不断地扩大耕地，发展渔业和养殖业，这里也逐渐繁荣起来。1889年，政府将该村命名为史提夫斯顿村。

　　码头旁停靠着一些旅游大巴。车上走下不少的游客，他们走向码头，也走向一些卖纪念品、海鲜、T恤衫和冰激凌等的商铺。

　　人们熙熙攘攘，有伸长脖子看风景的，也有低头挑海鲜的，这里的海产品不仅新鲜，而且价格便宜，仅为超市的一半。一些摊位的价目牌上标有中英文两种文字，摊主吆喝时用的往往也是英语或中文。一张贴着用中文书写的新鲜生猛海胆的标牌下，穿红衣的商贩正在整理待售的绛红或土黄色的海胆，以及海星。为方便顾客，这里还用图片和文字介绍海胆的加工过程，还是中文，看来此类海货应是华裔的至爱。

　　餐厅林立。我们来到一家名为"PAJO'S"的餐馆，点了比目鱼和炸薯条。馆内的几十个座位难以满足食客们的需求，伙计们干脆将食物径直上梯搬到海边的露天餐厅。比目鱼和薯条都呈金黄色，入口又酥又松，薯条蘸上番茄酱后味道更佳，甜中有酸、酸中带甜。吹着徐徐的海风，沐浴着温暖的阳光，享受着舌尖上的美味，这何尝不是人生的一大乐趣?

用完餐，我们漫步在海滨大道上。由于天气转晴，来到海滨的人越来越多，有不同肤色的人和不同语种的语言，也有不同服饰的展示。给我印象最深的是：用纱巾遮蔽着半脸的中年妇女和髯须飘然的锡克教徒。海鸥高兴地展翅飞翔，做出一个个优美的滑翔姿势；飞累了，就在栏杆上小憩一阵，金鸡独立于围岸的柱头上。这时，明媚的阳光无私地将光泽洒在渔船上、游艇上和各种不同风格的中西餐厅里，整个码头都沉浸在金色的童话中，码头的空气显得益发清新。海面很静，静得就像一面大镜子。渔船和游艇的桅杆倒映在海面，形成美丽的倒影。

这时，海滨大道上出现了一个特别温馨的画面：十几个青年男女在这里拍婚纱照，除了新郎和新娘，其他的就是伴郎和伴娘了。新郎和伴郎，个个西装革履，一个比一个帅；新娘着白色的婚纱，手持鲜花，伴娘们也是统一的裙装，一个比一个靓。在转点拍摄时，新娘转头莞尔一笑，与伴娘们一起合影留念，留下甜蜜的瞬间。码头边的木门上竖立着硕大的鲸鱼标志，这就是游人出海观鲸的码头。在温哥华的外海即是鲸鱼成群出没之处。

照例，我们也要逛一逛商店。有个店的拱门上站着一个玩偶，下身是美人鱼，上身则为熊猫，它那憨厚的神态着实逗人喜爱。还有一些服装店、古董店、船具用品店和书店等。

今天，当我们驻足在渔人码头时，感受着古老而纯朴的小镇氛围。优美的景观吸引了不少电影人。电影《哥斯拉》《别了温哥华》和《北京遇上西雅图》等影片曾在这里取景拍摄。

为了推动含渔人码头在内的史提夫斯顿申请成为联合国教科文组织世界遗产，列治文市议会还拨出专款予以支持。

邂逅白石

　　白石市位于温哥华的南部，北面是陡峭的山坡，南面是静静的海湾，对岸就是美国的西雅图。仲夏和初秋，我曾两次造访白石，都留下了美好的印象。

　　初来乍到，大温地区刚刚经历了一周令人难忘的"雾哥华"，山火将蓝天白云搅成一团灰蒙，温哥华人不得不接受PM2.5大为超标、在雾霾下度日的现实。好在海边的空气还算清新，使人不免做起深呼吸，深深地吸上几口甜滋滋的空气。

　　我们沿着海边步行。遛狗的主人带着爱犬穿过铁轨。休闲之客或看书或遛弯或打手机或看微信。夕阳将金色的光芒毫不吝啬

遥望美国的奥林匹亚山脉

地洒向洋面、洒向房舍、洒向滩涂、洒向树木和花朵。黑狗在水边看着自己的同伴在水中嬉戏，一对海鸥在海边互诉衷情。当着天边收起最后的一抹霞光时，晚霞、大海、帆船、房舍与远处依稀可见的栈桥构成一幅幅美景。这时，一列满载着木材等物资的货车鸣着汽笛由远而近又由近而远，把我们的思绪拉回到很久以前。这块巨石似天外来物，盘踞在此已有1.1万年，根据科学家考证是在冰河时期的末期从北方南移至此，重达486吨。

1791年，西班牙人首次发现巨石可做航海标志，为了在夜晚和恶劣天气时也能看清，就将石头漆成了白色。白石在很长一段时间里都成为涂鸦人士的目标，白石市公园局经常要涂抹白色油漆来维持原样。

WAC 老饭店

这时，只见远处那栈桥上一排排的灯光在夜色中亮起。车行之侧，一座座啤酒屋、咖啡店里坐满了客人，享受温馨和浪漫，耳边只有那一阵阵海涛的声响。于是，优美绵长的沙滩和开阔无敌的海景已经深深地烙印在我的脑海之中。

我依依不舍地离开了白石。其实，没有看到那块神圣的白色巨石，没有在栈桥上体会山海美景与夕阳交织的浪漫，就不算真正到过白石。我打算利用一个比较充裕的时间到这里好好看看日落。据说，白石的日落就是这里的一大美景，不可不看。

两个月后，我再次来到了白石，这是还愿之行。

下午5点多，初秋的夕阳依然是那么金光灿烂，这里是南端，是大温日照最充足的地方，因而，树叶似乎不像列治文和素里市那样红，黄与绿色交织得那么多、那么快，大多还是绿色加褐色的世界。

海边的房子不少是自建的，各种式样都有，有两条街道几乎是垂直的斜坡，形成了传统奇特的建筑风格，这来自一个多世纪以前，一名联邦官员不顾这种陡峭的地理面貌，多少有些随意地对白石进行了规划。

来到海边，进入眼帘的是一大排虽然不高但很艳丽的黄树，金灿灿的叶子使人看了非常舒心。"嗨，那边有常年积雪不断的雪山，属于美国境内。"毕竟是年轻人眼尖，我随着女儿的手指循眼望去，似乎雪山就在弯弯的海岸线旁，这是美国华盛顿州高大的奥利匹亚山脉，遮断了太平洋上的气流，使这里的海湾风调雨顺，夏无酷暑、冬无严寒。

这时外孙女告诉我，火车快来了，注意看路。到底是小孩耳尖，不多时，一个车头呼呼地与大海平行而过，接着有100多节车厢在人们的眼前晃动，大多是集装箱，也有运送木材的，不用装箱，一目了然。

慢慢地，原本像脸盆一样大的夕阳开始渐渐变小，原本还升在半空中的夕阳开始向海平面靠拢，越来越低，海天交融，就像是要把这里的一切都融进自己的怀抱。杜甫诗云："夕阳无限好，只是近黄昏"，我曾将此改过两字："夕阳无限好，不过近黄昏。"当今的生活条件好了，医疗条件也有很大的改善，从"人到七十古来稀"到"人到七十小弟弟"，应该说，靠着养生、修行和保健，人们是大可以让"黄昏"延后的。

前面传来一阵嘻嘻哈哈的笑声，一群天真的小孩子在家长的陪伴下正在一块大石前玩耍。我定神一看是石头，是一块白色的巨石，这就是白石市名的来历，这就是白石市的标志。此时，一男一女两个印裔的小孩已经爬到了石头顶上，另

夕阳无限好，不过近黄昏

白石的标志

有十几个孩子集中在石头旁斜插着的一块木板旁由下往上爬，就像是滑梯一样。有一些青年男女在自拍或互拍。登顶的两个孩子欣赏着远处的落日，就像是登上崇山峻岭的勇士。在石头后面，一棵细细的黄树正好掩在大石后面，乍一看还以为石头缝里也能长树一样。

在栈桥桥头，一面红枫旗升起，在高高的桅杆上迎风招展。加拿大人很注意"秀"自己的国旗，不仅在重要场合，在各旅游景点都是必不可少的"道具"，这是富有自信的表现。

随着落日慢慢地向海平面靠拢，在栈桥上来回走动的人们也在逐渐增加。栈桥上每隔几十米就设一个拱门，既是照明杆，又为平直

白石的栈桥

的栈桥增加了立体感。拱门来自一个名叫 Jeffbutler 的冰球队队员家属的捐赠。在落日的刹那，我按动了相机的快门，顿时，一个金色的光束与栈桥桥身的中点正好重合；在桥下的海面上，还有落日波光粼粼。这时，栈桥上的人们正在上演一幕幕"人约黄昏后"的活剧。一叶白帆迎着落日缓缓而来，落日越来越小，直到和海平面完全重合。

当我回头走到贝壳馆时已是华灯初上，贝壳经电流的滋润后熠熠生辉。我选购了贝壳，它将把白石的幸福、白石的浪漫、白石的金光带回去，使人见物思情，浮想联翩……

后　记

　　文化是一个非常广泛的概念，要给文化下一个准确的定义不是容易的事情。据说，全世界对文化的释义就有一两百种之多。不过，在东西方的辞书或百科中对文化有一个较为共同的解释，即文化是人类所创造的物质财富与精神财富的总和。南齐王融在《曲水诗序》中曾经说过，"设神理以景俗，敷文化以柔远"，这说明，我们的老祖宗对"文化"的概念应是文治和教化的意思。

　　就字的释义来说，"文"就是"记录、表达和评述"，"化"就是"分析、理解和包容"。应该说，文化是有历史、有内容也是有故事的。本书在分析、理解和包容的基础上对大温的多元文化做了一些记录、表达和评述方面的工作，体现了文化乃"人文化成"之缩写也。

　　本书力求客观真实地反映出温哥华多元文化的方方面面。在介绍大温人独立自主、自我实现的主动交往时，也反映出他们一般不把亲属关系看得那么重，个人通常也不对亲属负有那么多的义务；在突出"绿"哥华绿树成荫的一面时，也谈及"雨"哥华和"雾"哥华的另一面。

　　文化是民族的血脉，是人民的精神家园。中华文明是在中国大地上产生并在同世界各国文明交流互鉴中形成、发展的。生生不息的中华文明之所以具有强大的生命力，源于它内在的开放、包容、兼收和融合的精神。分析温哥华丰富多彩的文化，对于推进我国进行文化强国建设具有借鉴作用。如果能将中华优秀文化和世界优秀文化融合，我们的文化自信就有了更广泛的基础和更深厚的自信，就能为道路自信、理论自信和制度自信提供更强大的精神支撑。

心理学家认为，强烈是生命的色彩，许多事情只有内心冲动强烈才能做成。可以说，本书乃作者内心强烈冲动的结果。秋天是收获的季节，落笔之余，深感欣慰。经过多年的观察，一筐装满大温多元文化的硕果奉献于读者。

值本书付印之际，诚挚感谢广西人民出版社良好的服务；杨威编审对本书付出了大量心血；钟德卫教授和钟伟博士对本书的编辑出版提供了不少宝贵的建议；我的夫人卢燕萍和女儿盛征全家的支持对本书能够顺利脱稿也做出了贡献，盛征是原稿第一个读者，她的不少意见采纳在书中，在此一并深表感谢。

盛忠雄

2016 年国庆